Ralph Bollmann

DIE
DEUTSCHE
ANGELA MERKEL
UND WIR

Klett-Cotta

Klett-Cotta

www.klett-cotta.de

© 2013 by J. G. Cotta'sche Buchhandlung

Nachfolger GmbH, gegr. 1659, Stuttgart

Alle Rechte vorbehalten

Printed in Germany

Schutzumschlag: Rothfos & Gabler, Hamburg

Unter Verwendung eines Fotos von

CDU Internet-Redaktion © Armin Linnartz

Gesetzt von Kösel, Krugzell

Gedruckt und gebunden von Friedrich Pustet GmbH & Co. KG

ISBN 978-3-608-94750-2

Zweite Auflage

Bibliografische Information der Deutschen Nationalbibliothek
Die Deutsche Nationalbibliothek verzeichnet diese Publikation in der
Deutschen Nationalbibliografie; detaillierte bibliografische Daten
sind im Internet über <http://dnb.d-nb.de> abrufbar.

INHALT

EINLEITUNG

Das Wort fiel hinter verschlossenen Türen im CDU-Vorstand. Es drückt womöglich besser aus als die meisten öffentlichen Verlautbarungen, was die Bundeskanzlerin über die Deutschen wirklich denkt. In der Öffentlichkeit würde sie so etwas nicht sagen. Der Satz bezog sich auf ein sehr spezielles Problem. Aber es klang, als spräche Angela Merkel aus diesem Anlass einen Gedanken aus, der sie schon lange umtreibt. Sie sagte: »Wir machen uns ja sonst zur Komikernation.«

Es war Montag, der 16. Juli 2012. Ende Juni hatte das Landgericht Köln die Beschneidung eines muslimischen Jungen als strafbare Körperverletzung bewertet. Das Urteil, das in der Konsequenz auch das entsprechende jüdische Ritual betraf, löste eine große öffentliche Debatte aus. »Ich will nicht, dass Deutschland das einzige Land auf der Welt ist, in dem Juden nicht ihre Riten ausüben können«, sagte Merkel den Teilnehmern zufolge.

Drei Wochen lang setzte sich die Öffentlichkeit ausführlich mit der Frage auseinander, wie stark der Verlust der Vorhaut das sexuelle Empfinden des Mannes beeinträchtigt. Merkel hielt die Debatte aus mehreren Gründen für sehr deutsch, im negativen Sinn. Ein Verbot der Beschneidung widersprach aus ihrer Sicht einer pragmatischen Alltagsvernunft im Zusammenleben der Religionen und Weltanschauungen. Die Sorge um die Vorhaut schien ihr zudem der Mentalität überempfindlicher Westdeutscher zu entspringen, die sich vor allem und jedem ängstigen – vor allem, wenn es die meisten von ihnen gar nicht selbst betrifft. Schließlich sah sie, da es auch um Juden ging, die deutsche Staatsräson berührt.

Hysterisch, verwöhnt, geschichtsvergessen: Sind das Eigenschaften, die Merkel den Deutschen nur in Bezug auf die Beschneidungsfrage attestiert? Niemand wird zum Komiker, weil er ein einziges Mal aus der Rolle fällt. Diese Diagnose wird gestellt, wenn das Verhalten einem Muster folgt – und der jüngste Ausfall nur ein weiteres Symptom ist, das dieses Bild vervollständigt. »Wir machen uns ja sonst zur Komikernation«: Verdichtete sich in diesem Satz das Deutschlandbild der Kanzlerin?

Offenkundig denkt Merkel über viele Themen anders als die Wähler, bei denen sie so populär ist. Das beginnt bei der schwersten aller Fragen, auf die ein Regierungschef zu antworten hat, der Entscheidung über Krieg und Frieden. Es geht weiter mit dem Verhältnis zu Amerika im Allgemeinen und zu dessen Präsidenten im Besonderen. Es gilt schließlich auch für die Innenpolitik: Auf dem Leipziger CDU-Parteitag des Jahres 2003 vertrat Merkel ein radikales Reformprogramm. Zwei Jahre später musste sie im Wahlkampf schmerzhaft lernen, dass diese Ideen in Deutschland nicht mehrheitsfähig waren.

Seit Beginn des griechischen Schuldendramas konnte

die Bundeskanzlerin ihr reformerisches Drängen, mit dem sie zu Hause an Grenzen gestoßen war, auf andere Teile Europas verlagern. Hierzulande ist sie nun beliebter denn je. In den europäischen Krisenländern galt sie als die Zuchtmeisterin des Kontinents, in Amerika zeitweise als die Frau, die durch ihr Nichtstun den Absturz der Weltwirtschaft riskierte.

Zum ersten Mal seit dem Zweiten Weltkrieg findet sich Deutschland nicht nur ökonomisch, sondern auch politisch als Führungsmacht wieder, und Angela Merkel ist die Person, die diese Rolle verkörpert. Lässt sie Europa untergehen, schrieb die italienische Zeitung *La Repubblica* auf dem bisherigen Höhepunkt der Euro-Krise, wäre das die vierte Schuld der Deutschen nach den Weltkriegen und dem Holocaust.

Ob wir es wollen oder nicht, wir werden mit Angela Merkel identifiziert und identifizieren uns mit ihr. Vielerorts gilt sie im Positiven wie im Negativen als der Inbegriff alles Deutschen. Ihre Nüchternheit, ihre Sparsamkeit und ihre Reserviertheit sind für viele ein Ausdruck unseres protestantischen Erbes. Das Bild, das sich die Welt von Merkel macht, hat in der Mischung aus Bewunderung und Kritik große Ähnlichkeit mit dem Bild der Deutschen überhaupt. Effizienz und Prinzipientreue werden beiden gleichermaßen zugeschrieben, aber auch eine kühle Arroganz, die sich auf eigentümliche Weise mit einem ungelenken, bisweilen fast schüchternen Auftreten paart.

Dabei hat die Frau aus dem Osten mit den Stimmungen der Deutschen, vor allem im Westen des Landes, lange gefremdelt: mit der ehernen Selbstgewissheit, seit 1945 alles

richtig gemacht zu haben, mit den Ängsten und Empfind-
lichkeiten oder mit der Abwehr jeder Veränderung, er-
schiene sie im Vergleich zum ostdeutschen Systembruch
auch noch so klein. In gewisser Weise ist Merkel, die bis
zum Alter von 35 Jahren in einer für Westdeutsche sehr
fremden Welt lebte, eine Einwanderin im eigenen Land.
Das gilt auch für ihre Rolle als Frau in einer Republik,
die überholten Geschlechterbildern länger treu blieb als
andere europäische Länder.

Inzwischen hat sich Merkel auf unsere Gefühlslage fast
perfekt eingestellt. Wenn sie merkt, wie tief unsere Angst
vor den unsichtbaren Strahlen der Atomkraftwerke sitzt,
dann schaltet sie die Reaktoren ab. Wenn sie realisiert, wie
ungern wir unsere Soldaten in gefährliche Weltregionen
schicken, dann stimmt sie neuen Einsätzen im Sicherheitsrat nicht mehr zu. Wenn sie beobachtet, wie kritisch
wir den Kapitalismus sehen, dann schreibt sie den Min-
destlohn ins Wahlprogramm. So will sie, wie sie nach der
vorigen Bundestagswahl ankündigte, die Kanzlerin aller
Deutschen sein.

KAPITEL 1:
NORMALITÄT

Will ein Normalsterblicher der Kanzlerin begegnen, geht er am besten in die Oper oder ins Theater. Stets ist es ein Akt mühsam inszenierter Normalität, wenn Angela Merkel mit ihrem Ehemann Joachim Sauer eine Oper von Richard Wagner besucht oder sich von der Vorsitzenden des Kulturausschusses des Bundestags zu einem Stück von Gerhart Hauptmann begleiten lässt. Die Sicherheitsbeamten halten sich dezent im Hintergrund, Angela Merkel schlendert mit ihrer Begleitung so beiläufig wie nur möglich durchs Foyer. Die übrigen Besucher bemühen sich, nur aus dem Augenwinkel hinzuschauen und bloß dezent zu tuscheln. Merkel weiß, dass sie unter besonderer Beobachtung steht, und sie ist das Thema der Flurgespräche. Aber es gehört zum Spiel, wenigstens hier unter Kulturmenschen, dass beide Seiten die Fassade der Beiläufigkeit aufrechterhalten.

So ist es auch am 28. Oktober 2012, dem Sonntag vor dem Reformationstag. Die Deutsche Oper Berlin spielt zum dritten Mal den neuen *Parsifal,* den sie sich zu ihrem hundertsten Geburtstag gegönnt hat. Die Titelrolle singt

Klaus Florian Vogt, der jugendliche Heldentenor mit der überirdisch hellen Stimme. Inszeniert hat Philipp Stölzl, ein Sohn des früheren Berliner Kultursenators und CDU-Landesvorsitzenden Christoph Stölzl. In der Pause sitzt der stolze Vater mit der Kanzlerin an einem Tisch, den der Intendant im Foyer unter der großen Treppe hat aufstellen lassen. Unauffällig ist das nicht, es erinnert an die lange Tafel, an der Merkel auf Parteitagsempfängen Hof hält.

Ihre Vorliebe für Richard Wagner, den deutschesten aller Komponisten, hat Merkel schon lange kultiviert. 1991 besuchte sie zum ersten Mal die Bayreuther Festspiele. »Zu Wagner habe ich durch meinen Mann gefunden«, sagte sie in einem Interview, und in der Tat zählen die Opernbesuche zu den wenigen Ereignissen, bei denen der Chemieprofessor die Kanzlerin in der Öffentlichkeit begleitet. Merkels besondere Vorliebe gilt dem *Tristan*, dessen zweiten Akt der Meister in Venedig schrieb – und bei dem »das bittere Ende schon von Anfang an durchscheint, vom ersten Ton an«, wie die CDU-Vorsitzende 2005 erläuterte. Es klingt seltsam, wenn sich ausgerechnet die Pragmatikerin für das Morbide begeistert. Aber vielleicht hält sie Dinge so gern unter Kontrolle, weil sie um die Gefahr des bösen Endes weiß.

Trotzdem bleibt es erstaunlich, wie Merkel ihre Vorliebe für Wagner zelebriert. Sie ist die erste Bundeskanzlerin, die zur Eröffnungspremiere der Bayreuther Festspiele erscheint. Keiner ihrer Vorgänger hat das historisch belastete Gelände betreten, mit Ausnahme Gerhard Schröders, der seinen japanischen Amtskollegen zu einer Repertoirevorstellung begleitete. Der erste Regierungschef Konrad

Adenauer und das erste Staatsoberhaupt Theodor Heuss waren den Nachkriegsfestspielen bewusst ferngeblieben. Als Bundespräsident Walter Scheel 1976 eine Rede zur Hundertjahrfeier der Festspiele hielt, ging er demonstrativ auf Distanz. »Bei Lichte besehen« vermittelten Wagners Musikdramen dem Publikum keine höheren Einsichten als die Werke anderer Künstler, erläuterte er. Bayreuth sei nicht das »geistige Zentrum der Welt«. Kein bundesdeutscher Politiker wollte mit den Festspielen in Verbindung gebracht werden, deren einstige Leiterin Winifred Wagner sich über das Ende der Nazizeit hinaus als glühende Verehrerin Adolf Hitlers zu erkennen gab.

Woody Allen hat den Punkt treffend benannt. Wenn er Wagner höre, erklärte er in dem Film *Manhattan Murder Mystery*, dann bekomme er »das Bedürfnis, in Polen einzumarschieren«. Niemand käme auf die Idee, Merkel einen solchen Impuls zu unterstellen – und das nicht nur, weil sie dem *Spiegel* schon im Jahr 2000 bekannte, sie sei wegen ihres aus Posen stammenden Großvaters »zu einem Viertel polnisch«. Das völlig Unpathetische ihrer Person lässt den Gedanken der Großmannssucht gar nicht erst aufkommen, es macht auch in der Schuldenkrise die deutsche Führungsrolle für andere Europäer erträglicher. Bei dem als Geschichtspolitiker stets umstrittenen Helmut Kohl, der die polnische Westgrenze 1990 erst nach langem Zögern anerkannte, wäre das anders gewesen. Das gilt auch für Schröder, der das neue Selbstbewusstsein der Berliner Republik bisweilen sehr unverstellt zum Ausdruck brachte.

Als einen der großen Außenseiter und Unverstandenen, die Hitler an Wagners Personal so bewunderte, sieht sich Merkel offenkundig nicht. Auf die Frage, ob sie sich beim »Dienen« selbst auflösen wolle wie die Gralsbotin Kundry im *Parsifal,* reagierte sie in dem erwähnten Interview verständnislos: Als sie im Wahlkampf 2005 ankündigte, sie wolle Deutschland dienen, habe sie nicht an Wagner gedacht, sondern an Friedrich II. von Preußen als ersten Diener seines Staates.

Die zur Schau gestellte Wagner-Begeisterung gibt der Kanzlerin eine abgründige Note, die der Bodenständigen ansonsten abgeht. Man soll nicht glauben, dass Merkel über das Schicksalhafte im *Tristan* nicht mit Bedacht spräche und dass sie beim Reden über Wagner die unerbittliche Eigenlogik des Machtstrebens in der *Ring*-Tetralogie nicht im Blick hätte. Vielleicht hätten die Widersacher in der CDU, die sich mit den Jahren selbst ins Abseits stellten, das Schicksal des Personals von Walhall und Nibelheim studieren sollen. Der Italiener Giuseppe Verdi, politisch viel vernünftiger als Wagner, würde mit seiner pragmatischen Lebensnähe niemandem einen vergleichbaren Schauder einjagen, auch wenn er die menschlichen Abgründe durchaus kannte. Unter den kulturellen Interessen der Kanzlerin erregt nur ihre Wagner-Begeisterung so viel Aufmerksamkeit. Dagegen bleibt es vergleichsweise unbemerkt, wenn sie in Berlin andere Vorstellungen besucht oder zu den Festspielen nach Salzburg fährt.

Dass Merkel ihre Wagnerliebe öffentlich auslebt, erstaunt aus einem weiteren Grund. Viele Deutsche betrachten es mit einem gewissen Misstrauen, wenn ihre Spitzenpolitiker eine Neigung zur Hochkultur an den Tag legen. Als der Hamburger Bürgermeister Ole von Beust 2008 ein

Bündnis mit den Grünen einging, wurde der neue Senat als »Koalition der Opernbesucher« verunglimpft. Daraufhin stritt von Beust jedes Interesse am Musiktheater ab. »Ohne mich damit brüsten zu wollen: Die Opernbesuche in meinem Leben kann ich an einer Hand abzählen. Zuletzt war ich in einer Barockoper, glaube ich. Sie war jedenfalls ziemlich lang.«

Die Wissenschaftlerin aus dem Theologenhaushalt hält es umgekehrt und bemüht sich nicht, Nähe zur Populärkultur zu heucheln. »Ich bin nie sehr weit gekommen mit der Popmusik«, erklärte sie in dem Wagner-Interview. Es ist ihr zuzutrauen, dass sie eine Nachmittagstalkshow anstrengender findet als eine abendfüllende Wagner-Oper: Was sind schon fünf Stunden für eine Politikerin, die ihre Erfolge auf europäischem Parkett auch einem enormen physischen Durchhaltevermögen zu verdanken hat? Nur ein Interesse an Fußball stellt sie offensiv zur Schau. Auf die Frage, ob die Begeisterung auf der Tribüne nur antrainiert sei, kann sie ungewohnt gereizt reagieren. Schon als 19-jährige Studentin habe sie im Mai 1974 beim Länderspiel DDR gegen England im Leipziger Zentralstadion gesessen, sagt sie dann: »Fußball zu sehen hat mir immer Spaß gemacht.«

Im Magazin der *Süddeutschen Zeitung* wurde Merkel vom früheren Tennisstar Boris Becker gefragt, wen sie gerne zu einer Dinnerparty einladen würde. »Dinnerpartys veranstalte ich nicht«, stellte Merkel erst einmal klar. »Aber zu einem Abendessen würde ich gerne Vicente del Bosque einladen.« Das war nur auf den ersten Blick eine Aussage zum Thema Fußball. Wahrscheinlich hätte Merkel auch jenseits des Sports kaum jemanden gefunden, dessen Lebensentwurf dem ihrigen so sehr ähnelt. Der spanische Nationaltrainer machte seine Mannschaft erst zum Weltmeister und zwei Jahre später auch zum Europameister, er erreichte in der Welt des Fußballs ungefähr so viel wie Merkel in der europäischen Politik. Gleichwohl lebt er im Alter von 63 Jahren noch immer in einer Etagenwohnung in einer Madrider Neubausiedlung. »Vicente del Bosque verliert nie die innere Ruhe, bleibt immer freundlich und ist sich der Relativität seiner eigenen Bedeutung stets bewusst«, schrieb ein Sportreporter anlässlich der Weltmeisterschaft 2010. Dann zitierte er den Gerühmten selbst: »Nur der gewinnt, der intelligent und bescheiden ist.«

Auch die meisten Vorgänger Merkels pflegten einen zurückhaltenden Stil. Weder Adenauers Haus in Rhöndorf noch Helmut Schmidts Wochenendhaus am Brahmsee oder Helmut Kohls finsterer Bungalow in Oggersheim atmete auch nur den Hauch des Luxuriösen, und sofern es die Biografie einigermaßen hergab, strichen die deutschen Regierungschefs ihre bescheidene Herkunft heraus. Die Wähler wussten das zu schätzen. Sie schienen es von ihren Spitzenpolitikern sogar einzufordern, mit einer bezeichnenden Ausnahme in jüngerer Zeit: Dem fränkischen Freiherrn Karl-Theodor zu Guttenberg wurde sein adeliger Lebenswandel nicht nur nachgesehen, er wurde dafür sogar bewundert. Bisweilen konnte man lesen, der familiäre Reichtum gebe dem Politiker eine Unabhängigkeit, die Emporkömmlingen fehle.

Als sich der frühere Bundeskanzler Gerhard Schröder abschätzig über den »Baron aus Bayern« ausließ, beschimpfte ihn eine seriöse Regionalzeitung als »prolligen Parvenü«. Seine Polemik gegen Merkels Wahlhelfer Paul Kirchhof, den »Professor aus Heidelberg«, vier Jahre zuvor hatte noch funktioniert. In solchen Momenten blitzt ein konservativer Grundzug der deutschen Gesellschaft hervor: Wen die Geburt an die Spitze der Gesellschaft stellt, der steht dort zu Recht; wer sich den Titel durch eigene Leistung erarbeitet, gilt als anmaßend oder elitär. Allerdings schien Guttenberg, indem er neben dem ererbten auch einen akademischen Titel anstrebte, die Normen der bürgerlichen Leistungsgesellschaft zu akzeptieren – ohne sie dann freilich zu erfüllen.

In dem erfolgreichen Fernsehfilm über Aufstieg und Fall Karl-Theodor zu Guttenbergs wurde die Bundeskanzlerin zur eigentlichen Hauptperson, obwohl sie nur in wenigen Szenen auftrat. »Angela Murkel, genial gespielt von Katharina Thalbach, ist die regelnde Klugheit hinter all den Wirrköpfen, Zauderern und Karrieristen«, schrieb ein Rezensent. »Sie leckt die Eintopfkelle ab und isst beim Abendessen die Wurst auch ohne Brot. Eine Person voller Schrullen, doch nur den menschlichsten. Unterläuft ihr doch mal ein Fehler, dann wird sie vom Ehemann, dem ›Herrn Professor‹, sanft korrigiert. Das Land wird von einem Frühstückstisch regiert, die übrige Politik: nur Krümel neben dem Teller.« Nach dem Fall des fränkischen Blenders stand die bescheidene Protestantin aus der Uckermark umso glänzender da. Dass sie Guttenberg zwischenzeitlich mit dem Argument stützte, sie habe ihn nicht als »wissenschaftlichen Assistenten« eingestellt, mag in der Wortwahl ungeschickt gewesen sein. Macht-politisch war es völlig richtig: Nur weil sie jeden Anschein vermied, aktiv am Ministersessel des Freiherrn zu sägen, ging sie ohne Ansehensverlust aus der Affäre hervor. Merkels Vertraute Annette Schavan, die sich als Bildungs-ministerin »nicht nur heimlich« für die Verfehlungen des Kabinettskollegen schämte, bezahlte auch wegen dieser Intervention später einen hohen Preis.

Zu Merkels Glück traten politische Konkurrenten nahe-zu im Jahresrhythmus an, durch ihr Verhalten die beschei-dene Lebensführung der Kanzlerin in ein günstiges Licht zu tauchen. Auf die Guttenberg-Affäre folgte ein Jahr spä-ter der Fall des Bundespräsidenten Christian Wulff, der die Grenzen zwischen privaten Beziehungen und öffentli-chem Amt verschwimmen ließ. Nach einem weiteren Jahr profitierte die vergleichsweise bescheiden entlohnte Kanz-lerin von der Debatte um die Nebeneinkünfte des SPD-Kanzlerkandidaten.

Merkel vermittelt nicht den Eindruck, dass sie einen teuren Lebensstil für erstrebenswert hielte, wenn sie keine politischen Rücksichten nehmen müsste. So sehr sich die frühere DDR-Bürgerin ihre Bewunderung für Kapitalis-mus und freie Marktwirtschaft erhalten hat, so sehr sie auch in ihren Reden die Konkurrenz mit China oder Bra-silien herausstreicht und in der Euro-Krise den gan-zen Kontinent zum Leistungsprinzip erziehen will: Mit Sympathie für den exzessiven Lebensstil der Reichen und Schönen ist das nicht verbunden. Das Fraternisieren mit der männlichen Welt der Wirtschaftsbosse war Merkel anfangs schon wegen ihres Geschlechts verwehrt. Auch diese Erfahrung machte die Physikerin aus dem Osten gegen eine kritiklose Bewunderung der Wirtschaftseliten immun.

Das Abendessen, das sie im April 2008 zum 60. Geburtstag des Bankmanagers Josef Ackermann gab, würde sie heute nicht mehr veranstalten. Wenige Monate vor der Lehman-Pleite galt »Banker« allerdings noch nicht als Schimpfwort, und auf dem Unternehmerflügel der eigenen Partei stand Merkel wegen mangelnder Wirtschaftsnähe in der Kritik. Als exzessive »Banker-Sause« konnte das Treffen bei ernsthafter Betrachtung nicht durchgehen. Wie investigative Recherchen ergaben, standen auf dem Speiseplan Beelitzer Spargel und Kalbsschnitzel. Das Frühgemüse lieferte leicht überteuert ein örtlicher Bauer, das Fleisch stammte aus dem Metro-Großmarkt zu 16,79 Euro pro Kilo.

Anders als manchem Wirtschaftsführer käme es Merkel nicht in den Sinn, sich von einem aufwändigen Lebensstil abhängig zu machen. Der frühere Bertelsmann- und Karstadt-Manager Thomas Middelhoff klagte nach dem Ende seiner Karriere die Freigabe eingefrorener Konten bei seiner Hausbank ein, mit der Begründung, er benötige rund 70 000 Euro pro Monat zur Aufrechterhaltung seiner gewohnten Existenz. Allein den laufenden Unterhalt seiner beiden Anwesen in Bielefeld und an der Côte d'Azur veranschlagte er mit der Hälfte dieser Summe, einschließlich Personalkosten und Gartenpflege.

Angela Merkel hingegen, die Lobpreiserin der Marktwirtschaft, hält es lieber mit protestantischer Bescheidenheit. Ihren Zweitwohnsitz hat sie nicht an der Côte d'Azur, sondern in der Uckermark. Dort liegt keine Yacht am Pier, es steht nur ein VW Golf im Carport, und sie beschäftigt keine Luxusköche, sondern bereitet noch selbst Kartoffelsuppe zu. Gelegentlich berichtet Merkel von Einkäufen bei Ikea, wo sie sich artig in die Schlange stellt und Autogrammwünsche normalerweise ablehnt. Neuerdings kauft sie manchmal bei Manufactum ein. Das verbindet sie mit der grünen Mittelschicht, es gilt aber immer noch als bodenständig und ist von Middelhoffs Übertreibungen weit entfernt. Damit befriedigt Merkel ein Bedürfnis der Deutschen, für die Middelhoffs Lebensstil nicht nur Verteilungsfragen aufwirft, sondern auch ein ästhetisches Problem darstellt.

Ähnliches gilt für die Urlaubsreisen der Kanzlerin. Den Sommerurlaub verbringt sie meist in Südtirol, im abgelegenen Sulden zu Füßen der Ortlergruppe. Dort wohnt sie in einem kleinen Hotel mit 30 Zimmern, in dem das teuerste Doppelzimmer zur Hauptsaison 188 Euro kostet, die obligatorische Halbpension inklusive. Das Hotel an der Südküste Ischias, in dem Merkel meist die Ostertage verbringt, ist zwar etwas teurer, aber weit vom Luxus der Berlusconi-Villa an der sardischen Costa Smeralda entfernt. Statt Golf zu spielen, wandert sie mit ihrem Mann in den Bergen. Während des Urlaubs schirmt sie sich von der Außenwelt so gut es geht ab. Zugleich wird alljährlich ein Foto verbreitet, das sie beim Wandern zeigt.

Früher war sie meist in Trekkingkluft zu sehen. Seit einigen Jahren häufen sich die Bilder, die Merkel auch während des Sommerurlaubs in ihrem Berliner Dienstjäckchen zeigen, wobei sie aus den Edition-Suhrkamp-Farben ihres Kleiderschranks die helleren Töne wählt. Das ist ein subtiles Signal, dass die Kanzlerin auch von Südtirol aus weiter an der Rettung Europas arbeitet, nur eben mit Hilfe des Mobiltelefons und rund 700 Kilometer Luftlinie vom Kanzleramt entfernt. Wahrscheinlich wäre es in manchen Jahren stressfreier gewesen, sie hätte in Berlin ausgeharrt. Aufs Wegfahren zu verzichten ist für einen Spitzenpolitiker allerdings keine gute Idee. Es wirkt unsouverän, gilt als Zeichen von Nervosität. Eine Abkehr von der Routine hätte die Börsen verunsichert. Um den Euro zu retten, muss die mächtigste Frau Europas auch ihre Sommerferien marktkonform ausgestalten.

Italienische Medien berichten allsommerlich über arme Landsleute, die sich Ferien am Strand nicht leisten können, das aber nicht zugeben wollen und sich deshalb für einige Wochen in ihrer Wohnung verbarrikadieren. Sie kaufen Vorräte an Lebensmitteln, halten die Fensterläden verschlossen und schleichen übers Parkett. Hauptsache, sie haben in den Augen der Nachbarn der sozialen Konvention Genüge getan. Politiker verhalten sich wie die italienischen Familien, nur unter umgekehrten Vorzeichen. Auch sie täuschen Urlaub eher vor, als dass sie ihn wirklich machen. Selbst in ruhigeren Zeiten entspricht ein Aufenthalt in Begleitung von BKA-Beamten und mit stetem Draht ins Kanzleramt nicht der Vorstellung, die sich ein Normalbürger von seinen Ferien macht. An diesem Punkt endet zwangsläufig die Normalität einer Kanzlerin, auch wenn sich die Amtsinhaberin noch so sehr darum bemühen mag.

Spätestens mit der ersten Frau im Kanzleramt hat man

auch in Deutschland gelernt, wie man mit Essen oder dem Reden darüber Politik machen kann. »Als wir im Herbst 2008 das Bankenrettungspaket geschnürt hatten«, verriet Angela Merkel später absichtsvoll, »da habe ich in meinem Büro einen Teller Linsensuppe gegessen.« Der politische Hintersinn dieses Verweises lässt sich mit Hilfe eines Buches entschlüsseln, das vor einigen Jahren in Italien erschienen ist. Es trägt den Titel *Abgeordnete zu Tisch* und enthält Interviews mit italienischen Politikern. Die wichtigste Frage an jeden von ihnen lautete: Gibt es so etwas wie linkes oder rechtes Essen?

Geht es nach dem langjährigen italienischen Kommunistenchef Fausto Bertinotti, müssten sich die Konservativen in Merkels Partei große Sorgen machen. »Alle Gerichte mit intensivem Geschmack, mit einer engen Verbindung zur Region sind links«, antwortete Bertinotti. »Heute, mit der kulturellen Verfeinerung, hat die Küche der kleinen Leute über die feine Küche gesiegt. Es ist der Sieg der Armen über die Reichen.« Das Essen, das in dem Buch am häufigsten »links« genannt wird, ist Pasta all'Amatriciana, Nudeln mit einer Soße aus Speck und Zwiebeln. Es ist so etwas wie die italienische Linsensuppe, ein karges Essen aus der einfachen Küche, bei dem es auf die Zutaten ankommt. Der Speck zum Beispiel muss aus der Schweinebacke kommen, das ist wichtig. Bauchspeck wäre falsch.

Es hat sich viel verändert, seit Helmut Kohl 1982 Kanzler wurde. Seine Vorliebe für gefüllten Saumagen galt damals als Ausdruck konservativer Verstocktheit. Wer progressiv und weltläufig wirken wollte, zog italienische Küche und Pinot Grigio einem Saumagen und Pfälzer

Riesling vor. Der im Mai 2013 verstorbene Römer Giulio Andreotti, diabolischer Strippenzieher der italienischen Nachkriegspolitik, war ein älterer Generationsgenosse Kohls. Er ordnete die Küche seiner traditionsreichen Heimatstadt noch politischen Lagern zu: Innereien nach rechts, Ochsenschwanz nach links. Das war das alte Lagerdenken vor dem Aufkommen der grünen Slow-Food-Bewegung. Heute haben sich Ochsenschwanz und Innereien gegen McDonald's und Bocuse zusammengetan, das Bodenständige gegen das globalisierte Einerlei, die Neobürgerlichen gegen die Neoliberalen.

Im Ausland mag diese Bodenständigkeit zu Missverständnissen führen. Pariser Korrespondenten erzählen gern die Anekdote von Merkel und den Radieschen. Nach einem exquisiten Staatsbankett gab die Kanzlerin ein Hintergrundgespräch für Journalisten. Auf dem Tisch standen rohe Radieschen. Merkel griff sich eines davon – und biss zum Entsetzen der französischen Medienvertreter hinein, als hätte sie nicht soeben Gänsestopfleber, Jakobsmuscheln oder Vergleichbares genossen. Vermutlich ist das weniger ein Zeichen von Kulturlosigkeit als eine Strategie der Stressbewältigung. Sie kann bei solchen Gelegenheiten selten den bereitgestellten Knabbereien widerstehen und ist nicht die einzige Vertreterin des politischen Spitzenpersonals, deren Konturen sich »unter dem Gewicht der Aufgabe gerundet haben«, wie es ein französischer Merkel-Biograf formulierte. Bei den Wählern, die mit dem gleichen Problem zu kämpfen haben, macht es sie nur populärer.

Merkel gehört zu jenen Spitzenpolitikern, bei denen

man im persönlichen Gespräch die Respektsperson vergessen kann. Nicht dass man sich gehen lassen könnte, hellwach und schlagfertig legt sie Schwächen in Journalistenfragen offen. Aber das machtpolitische Gehabe geht ihr völlig ab, wenn sie in der engen Flugzeugkabine auf dem Weg zu internationalen Gipfeltreffen in berlin-brandenburgischer Stimmfärbung die Weltlage erörtert, den Pappbecher mit dem Filterkaffee in der Hand, die legere Flugzeugbekleidung am Leib: eine schwarze oder dunkelblaue Strickjacke, schwarze Hose, bequeme schwarze Wildlederschuhe. Es kann passieren, dass man als Reporter gedankenverloren auf das kleine Stück nacktes Bein schaut, das über der heruntergerutschten Socke herausschaut – und dass die Kanzlerin diese, als sie den Blick bemerkt, fast peinlich berührt nach oben zieht. In solchen Situationen ist sie eher die uckermärkische Hausfrau als die mächtigste Frau der Welt, eine Frau jedenfalls, die sich ihre Bodenhaftung bewahrt hat. Ob sie das in den Sphären, in denen sie mittlerweile schwebt, für alle Zeiten vor dem Abheben schützt, ist eine andere Frage. Vermutlich wäre das für sie die größte Gefahr.

»Es gab viele Gründe, warum ich damals nicht auf den Gedanken kam, in Angela Merkel die erste Bundeskanzlerin Deutschlands zu erkennen«, schrieb Michael Schindhelm kurz nach Merkels Wahl 2005 in der *taz*. Der Theatermanager war in den achtziger Jahren Merkels Zimmernachbar in der Adlershofer Baracke des Zentralinstituts für Theoretische Chemie, und er zählt zu den wenigen alten Weggefährten, die über ihre Zeit mit der heutigen Bundeskanzlerin öffentlich reden. »Eine Wonne der Gewöhnlichkeit, so hätte man die Atmosphäre in unserer Abteilung nennen können«, fuhr Schindhelm fort. »Die Kaffeepausen gehörten zur glücklichsten und aufschlussreichsten Beschäftigung in den zweieinhalb Jahren, die ich es an der Akademie aushielt. Die Konzerte, das Kino, bulgarischer Cabernet, Wagner und Gorbatschow und die absurde DDR, an deren Ende doch nicht zu denken war. Ungesättigte Kohlenwasserstoffe kamen in diesen Gesprächen eigentlich nicht vor.«

Schindhelm fügte hinzu, man könne die heutige Merkel aus seiner damaligen Kollegin nicht ableiten. Aber ist das so? Denkt man sich Frisur und Garderobe weg, kann man in der Merkel am Forschungsinstitut in Berlin-Adlershof durchaus schon die Merkel im Regierungs-Airbus erkennen. Die angeblich so konturlose Kanzlerin mag zu den wenigen Politikern gehören, die sich ihre Persönlichkeit weitgehend bewahrten – eher jedenfalls als manch ein Konkurrent aus dem Westen, der sich in der Jungen Union schon früh weltanschauliche Entschiedenheit antrainierte. Merkel war bereits 35 Jahre alt, als sie in die Politik ging, in diesem Alter ändert man nicht mehr die gesamte Persönlichkeit.

KAPITEL 2:
GRIECHENLAND

Es war vorher nicht abzusehen, dass die nachträgliche Geburtstagsfeier für Helmut Kohl in eine dramatische Phase der deutschen Europapolitik fallen würde. Nach Berlin könne der Altkanzler nicht kommen, hatte seine neue Ehefrau wissen lassen. Also musste sich die CDU-Spitze am 5. Mai 2010 nach Ludwigshafen begeben, um dort nachträglich Kohls 80. Geburtstag zu begehen. Zwölf Tage zuvor hatte Griechenland die desolate Lage seiner Staatsfinanzen offiziell eingestanden und Hilfen beantragt. Zwei Tage später sollte der Deutsche Bundestag darüber abstimmen, und am folgenden Sonntag standen in Nordrhein-Westfalen Landtagswahlen an. Die Kanzlerin freute sich nicht auf dieses Zusammentreffen, weil die Reise nach Ludwigshafen die Strapazen einer ungewöhnlich dramatischen Berliner Woche noch erhöhte. Aber auch, weil vom früheren Bundeskanzler Kritik an Merkels Zögern bei der Euro-Rettung zu erwarten war.

Dass Kohl darüber wirklich sprechen würde, dass er angesichts seiner angegriffenen Gesundheit überhaupt etwas sagen würde, damit war nicht fest zu rechnen. Er tat es. »Ich habe wenig Verständnis für die aktuelle Frage Griechenland«, sagte er mit schwacher Stimme. »Viele bei uns tun, als ginge sie das gar nichts an. Natürlich ist das alles schwierig. Aber wir müssen jetzt alles tun.« Er sei »heute mehr denn je überzeugt, dass die europäische Einigung für Europa und übrigens auch für uns eine Frage von Krieg und Frieden ist und dass der Euro für uns ein Stück Friedensgarant ist.« Eingeleitet hatte er die Passage mit Jugenderinnerungen aus dem Zweiten Weltkrieg. Merkel selbst hatte ihre Formulierung, ein Scheitern des Euro bedeute das Scheitern Europas, in diesen Tagen noch nicht ersonnen.

Zweieinhalb Jahre später kam Kohl doch noch einmal nach Berlin. Auch das war eine Botschaft, denn gesundheitlich ging es ihm immer noch schlecht. Es war der 27. September 2012, die CDU richtete für den Pfälzer eine Feier im Schlüterhof des von ihm gegründeten Deutschen Historischen Museums aus. Der Anlass war nicht zwingend, es ging um den 30. Jahrestag seiner Wahl zum Bundeskanzler durch das konstruktive Misstrauensvotum, das er gegen den SPD-Vorgänger Helmut Schmidt gewonnen hatte. Diesmal passte der Termin der Bundeskanzlerin sehr gut, denn sie hatte sich inzwischen entschieden: Griechenland bleibt im Euro, das war die neue Linie, und sie war ganz im Sinne des Europäers Kohl – auch wenn sich Merkel von manchen Freunden des Pfälzers anhören musste, sie gebe die Positionen des konservativen Übervaters preis. Wie könnte man also die neue Linie besser absichern als mit Hilfe des Altbundeskanzlers? So kam es. Merkel lobte in ihrer Rede »Helmut Kohls pro-europäische Haltung«, der

Jubilar revanchierte sich mit einem »Es lebe Europa!« Das rein Zweckmäßige des Auftritts wurde deutlich, als Merkel und Kohl gemeinsam auf der Bühne standen. Die Nachfolgerin wusste mit dem Greis erkennbar nichts anzufangen. Nach einem quälend langen Augenblick rückte eine rasch herbeigeholte Hilfskraft den Rollstuhl in den richtigen Winkel für das Foto, auf das allein es der Kanzlerin ankam.

Das Zusammentreffen mit Kohl war ein Höhepunkt der Inszenierung, mit der Merkel ihren Kurswechsel in der Griechenlandpolitik flankierte. Zweieinhalb Jahre lang hatte sie offen gelassen, ob das Land in der Euro-Zone würde bleiben können, und die Antwort vom Fortgang der Reformpolitik abhängig gemacht. Irgendwann im Sommer 2012 muss dann die Entscheidung gefallen sein. Merkel verkündete sie nicht bei einem Besuch des griechischen Ministerpräsidenten Ende August in Berlin und auch nicht auf der großen Pressekonferenz, die sie traditionsgemäß zum Ende der parlamentarischen Sommerpause gibt (und die ihr diesmal ein besonders freundliches Kommentarecho einbrachte). Sie schaute in den Kalender und erkor den Herbst zum richtigen Zeitpunkt für wohl überlegte Akte symbolischer Politik. Am Tag vor dem Kohl-Jubiläum lud die Unionsfraktion ins Deutsche Theater Berlin zu einer Geburtstagsfeier für den Europäer Wolfgang Schäuble, der vielen als der letzte Konservative von Gewicht in Deutschland galt. »Europa, das wissen wir alle, tragen Sie im Herzen«, lobte Merkel. Zwei Wochen später flog sie zum ersten Mal seit Beginn der Krise nach Athen. Das waren Bilder, die sie zuvor vermieden hatte. Jetzt galten sie ihr als erwünscht.

Da sie den Kurswechsel symbolisch inszenierte und nicht offiziell verkündete, musste sie ihn nicht begründen. Auf dem Rückweg aus Athen bemühte sie im Flugzeug einen medizinischen Vergleich. Wenn einem ständig der Fuß wehtue, so wurde sie von mitreisenden Journalisten zitiert, könne man eine Amputation für » die beste Lösung« halten. Das sei fast immer ein Trugschluss: Weder könne man hinterher besser laufen noch werde man schmerzfrei leben. Von der Dominotheorie sprach sie bei dieser Gelegenheit nicht, der Befürchtung also, ein Austritt Griechenlands werde die übrigen Krisenländer in neue Schwierigkeiten bringen. Beides sind Argumente, aber es sind keine Begründungen für den Sinneswandel der Kanzlerin ausgerechnet zu diesem Zeitpunkt.

Im Sommer 2012 kamen mehrere Dinge zusammen. Kurz vor den Ferien hatte Merkel zum ersten Mal ein europäisches Gipfeltreffen erlebt, das sie zumindest in der Außendarstellung nicht dominierte. Die französische Position vertrat der neu gewählte sozialistische Präsident François Hollande. Italien hatte in Mario Monti nun einen Ministerpräsidenten, den man nicht mehr als unseriös ignorieren konnte wie seinen Vorgänger Silvio Berlusconi. Beide fanden in dem Spanier Mariano Rajoy, dem die maroden Banken des Landes akute Probleme bereiteten, einen natürlichen Verbündeten. Zu Hause saßen die Abgeordneten des Deutschen Bundestags bereit, um unmittelbar nach Merkels Rückkehr über die Gesetze zum dauerhaften Stabilisierungsfonds ESM und den Europäischen Fiskalpakt abzustimmen. Die Kanzlerin musste also fristgerecht mit einem Ergebnis heimkehren.

Das Ergebnis waren die Beschlüsse zur europäischen Bankenunion. Der europäische Hilfsfonds sollte ermächtigt werden, auf direktem Wege Geld an Krisenbanken zu überweisen, ohne den Umweg über die entsprechenden Staatshaushalte, die andernfalls noch tiefer ins Minus rutschen würden. Im Gegenzug sollte eine europaweite Bankenaufsicht installiert werden. Einzelheiten blieben offen, zum Beispiel die Frage, wann diese Aufsicht ihre Arbeit aufnehmen würde, für welche Institute sie zuständig wäre – und zu welchem Zeitpunkt die in Deutschland kritisch beäugten Hilfen frühestens ausgezahlt würden. Das ließ Spielraum für Interpretationen. Während der Italiener Monti in der Presse vorpreschte und das Ja zu direkten Bankenhilfen in den Mittelpunkt stellte, versuchte Merkel das Ergebnis tags darauf zurechtzurücken und reklamierte für sich den Erfolg, eine funktionierende Aufsicht zur Voraussetzung für Hilfen gemacht zu haben. In jenen Verhandlungen muss Merkel klar geworden sein, dass sie nach dem Regierungswechsel in Frankreich die europäischen Gipfeltreffen nicht mehr so unangefochten dominieren könne wie zuvor. Zudem demonstrierte die fortdauernde wirtschaftliche Misere in den Krisenländern, dass die Politik des bloßen Sparens allmählich auch an sachliche Grenzen stieß.

Drei Tage vor dem Showdown in Berlin und Brüssel sprach Merkel vor den Abgeordneten der FDP-Fraktion, um sie auf eine Zustimmung zu Fiskalpakt und dauerhaftem Stabilisierungsfonds einzuschwören. In dieser Sitzung fiel der erstaunlichste Satz, den Merkel im Verlauf der gesamten Schuldenkrise sagte. Er widersprach offenkundig ihrem politischen Prinzip, endgültige Festlegungen nach Möglichkeit zu vermeiden. Merkel sagte, es werde keine Euro-Bonds, also keine kollektive Haftung für Staatsschulden geben, »solange ich lebe«. Ihre Umgebung versuchte hinterher, die Aussage zu relativieren und als Missverständnis darzustellen. Tatsächlich habe sie nur beschrieben, dass es innerhalb der Bundesrepublik selbst nach 63 Jahren noch nicht zu einer gemeinsamen Ausgabe von Länder-Anleihen gekommen sei; deshalb werde sie das wohl auch auf europäischer Ebene nicht mehr erleben.

Im August flog Merkel nach Peking zu den deutsch-chinesischen Regierungskonsultationen. Da man dort den Brüsseler Telefonnummern nicht traut, gilt die deutsche Bundeskanzlerin als die wichtigste Ansprechpartnerin in Europa. Und angesichts der chinesischen Exporterfolge verfügt die Volksrepublik über viel Geld, für das sie nach Anlagemöglichkeiten sucht – auch jenseits der Vereinigten Staaten, von denen sich die Führung in Peking nicht zu abhängig machen will. Merkels Gesprächspartner müssen in jenem Sommer sehr deutlich gemacht haben, dass ein Austritt Griechenlands aus der Euro-Zone ihr Vertrauen in die Staatsanleihen des Kontinents erschüttern würde.

Auf den beginnenden September fielen schließlich zwei Termine, die ebenfalls dafür sprachen, die Euro-Krise vorerst für beendet zu erklären. Am 6. September fasste die Europäische Zentralbank förmlich den Beschluss, Staatsanleihen der Krisenländer notfalls in unbegrenztem Umfang aufzukaufen und die Gemeinschaftswährung mit allen Mitteln zu verteidigen. Bereits die Ankündigung bewirkte eine rasche Stabilisierung des Zinsniveaus, ohne dass sie zunächst umgesetzt werden musste. Damit war vorläufig ein Ausweg gefunden, der neue Hilfspakete überflüssig machte. Das ersparte der Kanzlerin lästige Debatten und finanziell schwächeren Geberländern wie Italien neue Belastungen, die sie nicht mehr hätten tragen können. Dann billigte das Bundesverfassungsgericht am 12. September den dauerhaften Hilfsfonds ESM. Als die Richter in Karlsruhe ihre Eilentscheidung verkündeten, fiel die innenpolitische Aufregung um das Euro-Thema mit erstaunlicher Geschwindigkeit in sich zusammen.

Den Kurswechsel, den Merkel vollzog, begleitete ein bemerkenswert plötzlicher Meinungsumschwung in der deutschen Öffentlichkeit. Im ZDF-Politbarometer vom Oktober 2012 befürwortete nun eine knappe Mehrheit von 46 Prozent der Befragten einen Verbleib Griechenlands in der Währungsunion, 45 Prozent sprachen sich dagegen aus. Zwei Monate zuvor hatte das Verhältnis noch bei 31 zu 61 Prozent gelegen. Lediglich ein gutes Jahr war seit der heiß umstrittenen Abstimmung über den erweiterten Rettungsfonds EFSF im Sommer 2011 vergangen, dem Gipfelpunkt der Euro-Skepsis. Nun glaubte nach einer Allensbach-Umfrage nur noch eine Minderheit von 21 Prozent, dass die Mitgliedschaft in der Europäischen Union den Deutschen nur Nachteile bringe. Auch Bundestagsabgeordnete der Koalitionsparteien verzeichneten einen starken Rückgang von Protestmails aus der Bevölkerung. Schon im Spätsommer hatte Merkels Umgebung erkennen lassen, die Euro-Krise solle vor Beginn des Bundestagswahljahrs 2013 stillgestellt werden. Dass dies wie geplant gelang, wenigstens bis auf weiteres, verlieh den politischen Künsten der Kanzlerin etwas Gespenstisches.

Mehrere Faktoren spielten zusammen. Spätestens seit der Entscheidung des Verfassungsgerichts waren die europäischen Hilfsbeschlüsse nicht mehr umkehrbar, und Wähler neigen nicht dazu, nach rückwärtsgewandten Argumenten zu entscheiden. Berichte über die Zustände in Griechenland, etwa über Lücken in der medizinischen Versorgung, lösten bei vielen Deutschen einen Mitleidseffekt aus und bestärkten selbst die Skeptiker in dem Eindruck, die deutsche Kanzlerin sei mit ausreichender Härte gegen griechische Reformverweigerer vorgegangen. Schließlich setzte ein medialer Ermüdungseffekt ein. Das Thema war »durch«, die angekündigte Katastrophe vorerst nicht eingetreten. Auch hatten die Gesichter der Kritiker aus dem Regierungslager für die Fernsehkameras den Neuigkeitswert verloren.

Die Frage ist, ob man dieses Ergebnis nicht früher und zu weit geringeren Kosten hätte haben können. Was wäre geschehen, wenn Angela Merkel bereits im Frühjahr 2010 dem Drängen des französischen Präsidenten Nicolas Sarkozy nachgegeben und umfangreichen Hilfen für Griechenland zugestimmt hätte? Hätten sich dann weitere Euro-Staaten gar nicht erst dem Misstrauen der Investoren ausgesetzt, vor allem Italien mit seiner beträchtlichen Wirtschaftskraft oder Spanien mit seiner damals noch recht geringen Gesamtverschuldung? Hat der Schuldenschnitt für Griechenland die Panik der Investoren erst richtig befeuert? Wäre es gar nicht zu dem gekommen, was wir jetzt die »Euro-Krise« nennen, und damit auch nicht zur gesellschaftlichen Großkrise in Südeuropa?

Es ist ein gewichtiger Vorwurf, der gewichtigste, den man Merkel in ihrer bisherigen Regierungszeit machen kann. Redet man mit Europafreunden aus der Union, dann merkt man: Das Thema beschäftigt sie. Der bislang einzige CDU-Politiker, der darüber offen sprach, war der von Merkel entlassene Umweltminister Norbert Röttgen. »Wenn wir so das Signal gegeben hätten, dass die EU zusammensteht, wäre eine Vertrauenskrise gar nicht erst entstanden«, sagte er zu Weihnachten 2012 in einem Zeitungsinterview. »Mit dem Wissen von heute spricht einiges dafür, dass dieses Signal seine Wirkung nicht verfehlt hätte.« Allerdings fügte der Ex-Minister hinzu: »Wer das damals schon gesagt hat, und zu denen gehöre ich nicht, darf die damalige Haltung der Bundesregierung heute kritisieren.«

In ähnlicher Weise ließ sich der polnische Außenminister Radosław Sikorski vernehmen. Der Mann steht als Mitglied der wirtschaftsliberalen polnischen Bürgerplattform nicht im Verdacht, der grenzenlosen Schuldenmacherei das Wort zu reden. »Das Dringen Berlins auf Einsparungen und Reformen ist verständlich, aber wenn der Druck zu groß ist, dann würgt das das Wirtschaftswachstum ab«, sagte er im Herbst 2012 der *Süddeutschen Zeitung.* »Gerade hier sind sehr schwere Fehler gemacht worden. Zum Beispiel in den ersten Hilfspaketen für Griechenland wurden sehr tiefe Einschnitte erzwungen im Austausch für Darlehen zu einem sehr hohen Prozentsatz«, fügte er hinzu. »Die Reparatur dieser Fehler wird Europa ziemlich viel kosten.«

Merkel sieht das anders, zumindest offiziell. Ohne die anfängliche Härte, versichern sie und ihre Getreuen, wäre es zu Reformen in den Krisenländern gar nicht erst gekommen. Was aber wäre geschehen, wenn Griechenland frisches Geld erhalten und sich ein paar Jahre später in derselben Situation wiedergefunden hätte? Wären die Spanier ohne den toxischen Effekt der Griechenland-Krise über ihr Immobiliendebakel wirklich schon hinweg? Und schließlich Merkels liebstes Argument: Ist die Krise für Europas Position im globalen Wettbewerb sogar eine Chance, weil sie nötige Reformen in ökonomisch schwächeren Ländern erzwingt? Die Fragen lassen sich im Nachhinein schwer beantworten.

Wirtschaftspolitisch »alternativlos« war Merkels Kurs womöglich nicht – ein Wort übrigens, das die Kanzlerin entgegen anderslautender Gerüchte zurückhaltender gebraucht als ihr Vorgänger Gerhard Schröder. 2004 benutzte sie das Wort für die Gesundheitsprämie, 2007 in einem *Spiegel*-Interview für die europäische Einigung. Als Merkel im Herbst 2008 die Sparguthaben der Deutschen garantierte, versuchte ihr Regierungssprecher, unter Verweis auf den Staatsnotstand den Journalisten das Fragen zu verbieten. »Ich möchte an Sie appellieren, die Wirkung dieser Aussage jetzt nicht durch das Stellen von unterschiedlichsten Detailfragen noch einmal zu relativieren«, sagte er am Tag nach dem Auftritt im Kanzleramt vor der Bundespressekonferenz. Im Februar 2009 sagte Merkel dann über die geplante Enteignung von Aktionären der Krisenbank HRE: »Wir haben das sorgfältig abgewogen. Ich halte dieses Vorgehen für alternativlos.« In ähnlicher Diktion formulierte sie zu den ersten Griechenland-Hilfen Anfang Mai 2010 vor dem Bundestag: »Die zu beschließenden Hilfen für Griechenland sind alternativlos, um die Finanzstabilität des Euro-Gebietes zu sichern.« Schon zwei Wochen später schwächte sie die Formulierung jedoch ab. »Deshalb gab es zur Sicherung der Stabilität des gesamten Euro-Raums keine vernünftige Alternative«, sagte sie in der Regierungserklärung zum Hilfsfonds EFSF.

Um also im Bild zu bleiben: »Ohne vernünftige Alternative« mochte der Euro-Kurs der Kanzlerin und CDU-Vorsitzenden nicht zuletzt aus innenpolitischen Gründen erscheinen. Dass die Griechenland-Hilfen die Akzeptanz, die sie mittlerweile erfahren, bei noch so gutem Zureden bereits zu Beginn der Euro-Krise gefunden hätten: das erscheint auch im Rückblick als sehr fraglich. Dafür muss man sich nur in den Mai 2010 zurückversetzen, als die *Bild*-Zeitung ihre Schlagzeilen im Schrifttypus griechischer Spezialitätenrestaurants publizierte und Bundestagsabgeordnete Vorschläge zum Verkauf griechischer Inseln unterbreiteten. Auch war das Bewusstsein, dass die Krise das eigene Geld in Gefahr bringe, damals nur marginal verbreitet. Griechenland schien ein exotisches Spezialproblem zu sein.

Noch im Sommer 2012 spekulierte der britische *Economist* über Geheimpläne der Kanzlerin, die Währungsunion zu zerschlagen und Deutschland aus dem Strudel immer neuer Belastungen herauszuziehen: »In Versuchung, Angela?« Trotz der reißerischen Aufmachung kam die Redaktion aber letztlich zu dem Ergebnis, »Rettung wäre billiger als der Zusammenbruch« – und betonte, die politischen Kosten einer neuen Balkan-Hölle seien in diesem Szenario noch gar nicht eingerechnet. Die Europa-Ausgabe des amerikanischen Magazins *Time* nahm die Kanzlerin unmittelbar nach ihrer vermeintlichen Niederlage auf dem Juni-Gipfel in Schutz. »Warum es alle lieben, Angela Merkel zu hassen – und warum alle falsch liegen«, lautete der Titel. Im Text hieß es dann: »Sie hat gute Gründe für ihren Widerstand gegen große Pläne und die Akzeptanz kleinerer Bewegungen.« Die linksliberale römische Zeitung *La Repubblica* kommentierte im August den sich abzeichnenden Kurswechsel geradezu euphorisch. »Ist das nun eine Verwandlung von der Patriotin zur Europäerin? Oder ist es die Anpassung an den ›Zeitgeist‹, mit Hollande und Monti anstelle von Sarkozy und Berlusconi?«, fragte das Blatt, um die Antwort gleich selbst zu geben: »Wahrscheinlich von beidem etwas. Nicht erst seit gestern zeigt Angela Merkel einen Charakter, der fähig ist zur Wende und zu gewagten Sprüngen.«

Bei allen Kosten, die Merkels Kurs ökonomisch verursacht haben mag: Politisch bleibt es ein Meisterstück, wie sie die zeitweise sehr widerstrebenden Deutschen an die Politik der Euro-Rettung herangeführt hat, bis sie im günstigen Augenblick unter das Thema einen vorläufigen Schlusspunkt setzte. Merkel erwies sich einmal mehr als eine Art Deutschlandtherapeutin. Sie bewegte sich auf die Deutschen zu – und gewöhnte ihre Landsleute ganz langsam an die neue Realität. Mehr noch als über die Kanzlerin sagt das etwas über die Deutschen aus, deren Haltung zu Europa viel ambivalenter ist, als es schwankende Umfragewerte verraten. Nicht, dass es eine scharfe Spaltung in zwei widerstreitende Lager gäbe. Die Ergebnisse der Umfragen legen eher den Schluss nahe, dass viele der Befragten selbst hin- und hergerissen sind. So gaben im ARD-Deutschlandtrend vom Juli 2012 insgesamt 54 Prozent von ihnen an, sie könnten sich eine gemeinsame Haftung für die Schulden aller Euro-Staaten vorstellen. Vier Fünftel dieser Befürworter knüpfen das aber an klare Regeln. Eigentlich ginge das nur mit mehr Kompetenzen für Europa. Käme es zu einer Volksabstimmung über diese Frage, wäre jedoch die Mehrheit der Befragten dagegen. Wahrscheinlich ist es so, wie viele Wahlstrategen vermuten: Die Deutschen möchten mit den Einzelheiten am liebsten nicht behelligt werden. Sie wollen ihre Währung behalten und die Bewohner der Krisenländer nicht leiden sehen, aber kosten soll es möglichst nichts. Das lässt an ein Bismarck zugeschriebenes Bonmot denken: »Je weniger die Leute wissen, wie Würste und Gesetze gemacht werden, desto besser schlafen sie!«

Immer wieder sah es danach aus, als könnten Merkel die Fäden entgleiten. Zu Hause ein wankelmütiges Volk, eine erodierende Koalition und eine nach Prestigegewinn strebende Opposition, in den europäischen Hauptstädten auftrumpfende Kollegen und in Washington ein drängender Präsident: Wie sollte sich eine Regierungschefin mit noch so viel Erfahrung in diesem unwegsamen Gelände auf Dauer behaupten können? Dabei war eine unübersichtliche Lage stets Merkels größter Trumpf. Noch besser ist es, wenn sich namhafte Experten über den Krisenkurs zerstreiten. Wo »richtig« und »falsch« keine Kategorien mehr sind, öffnen sich politische Spielräume.

Während die Krise in anderen europäischen Ländern von den Niederlanden bis Griechenland Regierungen zu Fall gebracht hat, halten sich die Deutschen in schwierigen Situationen lieber ans Bewährte. Kein Wahlslogan war hierzulande erfolgreicher als Konrad Adenauers Parole »Keine Experimente!«. Das liegt nicht nur daran, dass es dem Land derzeit recht gut geht, sondern auch an einem tiefen Bedürfnis nach Sicherheit. Alles auf eine Karte zu setzen, also entweder durch die Verweigerung von Hilfen den Zusammenbruch des Euro zu riskieren oder aber durch unkonditionierte Eurobonds die eigene Solvenz zu gefährden, ist die Sache der Deutschen nicht. Dafür sind sie dann doch zu merkelig.

So kam es, dass ausgerechnet im Herbst der Euro-Wende die Umfragewerte der Kanzlerin auf neue Höhen stiegen. Schon im Sommer 2012 waren 66 Prozent der Deutschen mit Merkels politischer Arbeit zufrieden, so viele wie seit der Bundestagswahl 2009 nicht mehr. Auch 60 Prozent der Grünen-Wähler und immerhin noch 50 Prozent der SPD-Wähler fanden Merkels Krisenkurs gut. Auf dem CDU-Parteitag Anfang Dezember in Hannover, der die Christdemokraten bereits aufs Wahljahr einstimmen sollte, spielte das Thema nur noch eine untergeordnete Rolle, die Parteivorsitzende befasste sich damit erst im hinteren Teil ihrer Rede. »Ich könnte es mir jetzt leicht machen«, sagte sie. »Ich könnte sagen: Im Grunde ist der Euro doch gerettet, jedenfalls so gut wie.« Damit sprach sie aus, was im Land wohl viele dachten, um dann fortzufahren: »Doch ich sage hier ausdrücklich: Wir sollten vorsichtig bleiben.« So blieb vor allem sie selbst auf der sicheren Seite. Zugleich deutete sie an, dass die Deutschen eine bewährte Krisenkanzlerin auch über den Wahltermin im September 2013 hinaus brauchen könnten.

Auf diesem Grat bewegt sich Merkel: Sie muss hoffen, dass sich ihre Euro-Politik bis zur Wahl nicht als gescheitert erweist und dass die Zeitläufte sie nicht zwingen, den Deutschen schon vorher unangenehme Rechnungen zu präsentieren. Gleichzeitig weist sie ihr Volk gelegentlich auf die weiter bestehenden Risiken hin, damit es sich nicht zu sicher fühlt und bereit ist, leichtfertig mit einem neuen Hausherrn im Kanzleramt zu experimentieren. Die SPD meidet das Europa-Thema. Die Kanzlerin ist dort unangreifbar, auch weil ihr die Opposition an entscheidenden Punkten aus nachvollziehbaren staatspolitischen Gründen immer zugestimmt hat.

Die Kosten sind damit nur aufgeschoben. Der Kurswechsel vom Herbst 2012 führte dazu, dass Gelder aus den Hilfspaketen früher überwiesen werden als ursprünglich geplant. Eigentlich hätte das einen neuen Hilfsbeschluss erfordert. Unvermeidlich wird er spätestens, wenn das Geld aus den bereits bewilligten Tranchen ausgeht – also mutmaßlich nach der Bundestagswahl. Womöglich müssen dann öffentliche Gläubiger auf Forderungen verzichten, also auch der deutsche Finanzminister. Wer auch immer das dann sein mag: Er hat ein großes Loch in seinem angeblich schon 2014 strukturell ausgeglichenen Etat.

Noch unbequemer wird die Lage, wenn gleichzeitig im Inland gespart werden muss. Historisch niedrige Ausgaben für Zinsen und für Arbeitslose, im Gegenzug

Rekordeinnahmen aus Steuern und Sozialbeiträgen: So rosig wird es um den Bundeshaushalt nicht für alle Zeiten bestellt sein, zumal sich Merkel rechtzeitig zum Wahlkampf aus den Kassen bedient hat. Zuschüsse für die Renten- und Gesundheitskasse wurden aus Gründen der Haushaltskosmetik gekürzt. Die Praxisgebühr wurde der FDP zuliebe abgeschafft, auch das reißt ein Loch in die Finanzen der Krankenkassen. Zum Auftakt des Wahljahrs berichtete der *Spiegel* über Planspiele des Finanzministeriums, wie nach überstandener Bundestagswahl der Haushalt zu sanieren sei.

Es bleiben schließlich die großen Pläne für Europa, auch das hatte eigentlich schon Bestandteil des Entscheidungsherbstes 2012 sein sollen. Ungewohnt pathetisch bekannte Merkel sich Anfang November vor dem Europaparlament zu Fortschritten bei der europäischen Integration. »Ich setze mich dafür ein, dass wir im Dezember einen ehrgeizigen Fahrplan für eine erneuerte Wirtschafts- und Währungsunion beschließen«, fügte sie hinzu. »Ich bin dafür, dass eines Tages die Kommission so etwas ist wie eine europäische Regierung. Ich bin dafür, dass der Rat so etwas ist wie eine zweite Kammer. Ich bin dafür, dass das europäische Parlament für die europäischen Zuständigkeiten eintritt. Anders wird es nach meiner Auffassung auf die lange Strecke gar nicht gehen.«

Wie und wann das geschehen könnte, dazu äußerte die Kanzlerin sich wohlweislich nicht. Bis zum Brüsseler Dezembergipfel sechs Wochen später blieb nichts von diesen Ideen übrig. Im Vorfeld hatte sich erwiesen, dass der Weg dorthin schwieriger werden würde als gedacht – und mit neuen finanziellen Ansprüchen vor allem der Franzosen gepflastert wäre. Damit will Merkel die Deutschen vor der Wahl nicht belasten. Langfristig strebt sie jetzt bilaterale Verträge an, in denen sich Mitgliedstaaten gegenüber der Union zu Reformen verpflichten.

So entsteht vor der Wahl eine paradoxe Situation. In fast jeder Rede verkündet Merkel den Deutschen, dass die Welt nicht schläft, dass Europa dringend Reformen braucht, dass wir mithalten müssen im globalen Wettbewerb. Wenn es jedoch um konkrete Reformen im eigenen Land geht, tut sie nichts. Mehr noch: Ihre hohen Sympathiewerte sind nicht zuletzt dem Umstand geschuldet, dass sie den Deutschen alle Zumutungen vom Leib hält. Genau betrachtet, geht es nicht nur um Zumutungen, sondern um jede Art von Veränderung. Auch zwei Jahrzehnte nach dem Fall des Eisernen Vorhangs dominiert noch immer »Die Suche nach Sicherheit« das Denken der Westdeutschen, wie der Historiker Eckart Conze seine 2009 erschienene Geschichte der Bundesrepublik überschrieb. Das hat die Physikerin, die der Systembruch von 1989/90 in ein Politikerleben katapultierte, spät begriffen, dafür aber umso mehr verinnerlicht. Anders als innerparteiliche Kritiker gelegentlich behaupten, wurde sie damit eine Konservative.

KAPITEL 3:
KONSERVATIV

Dunkles Holz, schwere Bierkrüge, deftige Schweinshaxe. Das alles soll Bodenständigkeit ausstrahlen, aber es ist im Berliner Bierlokal Paulaner's im Spreebogen nur Kulisse. Ringsherum sind in den späten Neunzigern Bürotürme emporgewachsen, in einem davon hat sich nach dem Regierungsumzug das Innenministerium eingemietet. Hier spielt eine Geschichte, die Angela Merkel eine Zeitlang gern erzählte. Es war im Frühjahr 2000, Wolfgang Schäuble hatte wegen der Spendenaffäre den CDU-Vorsitz niedergelegt, Merkel tingelte als Generalsekretärin einer kriselnden Oppositionspartei von Regionalkonferenz zu Regionalkonferenz, droben im Ministerbüro saß der Sozialdemokrat Otto Schily und durfte kommandieren.

»Schorsch«, fragte Merkel beim Bier, »glaubst du, dass ich für euch im Süden wirklich konservativ genug bin?« Schorsch, das ist Georg Brunnhuber, einflussreicher Chef der baden-württembergischen CDU-Bundestagsabgeordneten. »Konservativ sind wir selbst«, antwortete er. »Aber wenn du es fertigbringst, dass unsere Töchter CDU wählen, dann hast du mehr erreicht.«

Am 10. April 2000 wählten die Delegierten des Essener CDU-Parteitags Angela Merkel zu ihrer neuen Vorsitzenden. Sie war die erste Frau an der Spitze der Partei, die man gemeinhin die konservative nennt, sie kam zudem aus dem Osten und machte erst seit zehn Jahren Politik. Lange hatte sie als Kohls »Mädchen« gegolten, aber kurz vor Weihnachten in einem Zeitungsbeitrag mit dem Patriarchen gebrochen. 2002 musste sie dem Bayern Edmund Stoiber die Kanzlerkandidatur antragen, zu ihrem Glück, wie man heute weiß. Ihre halbe Niederlage gegen Gerhard Schröder 2005 verwandelte sie als Kanzlerin der großen Koalition in einen ganzen Sieg.

Zehn Jahre später, Anfang 2010, sitzt Georg Brunnhuber mit dem Journalisten in einem Café am Stuttgarter Schlossgarten, von draußen scheint die erste warme Frühlingssonne herein. »Angela hat die Partei gerettet«, sagt er über die Zeit des Spendenskandals. Brunnhuber ist oft in Rom, beim Papst. Er weiß, wie die italienische Christdemokratie nach einem ähnlichen Spendenskandal im Nichts verschwand. Wenn er über sich und Merkel spricht, streut er oft ein »Schorsch« oder ein »Angela« ein. Es soll Nähe demonstrieren. Brunnhuber kommt von der Ostalb. Das heißt, er ist sehr katholisch und ziemlich konservativ. Wenn einer wie er nah dran sein will an Merkel, dann zeigt das, wie weit es diese Frau aus Templin in der CDU gebracht hat.

Die Bundestagsabgeordnete Nadine Schön, die damals noch den Nachnamen Müller führt, könnte Brunnhubers Tochter sein. Wenn es nach ihr geht, ist der Plan aus dem Paulaner's aufgegangen. Modische Brille, Piercing am Ohr – sie gehört zu den jungen Frauen, denen die CDU jetzt wieder gefällt. Im Herbst 2009 hat sich die 26-Jährige aus dem Saarland in den Bundestag wählen lassen. Zur Verabredung kommt sie aus der Plenarsitzung ins Bundestagsrestaurant, die Sonne verschwindet gerade im Westen hinter Merkels Kanzleramt. Als Merkel Parteivorsitzende wurde, war Nadine Müller 16 Jahre alt und seit einem Jahr Mitglied der Jungen Union. Ende 1998 war sie eingetreten, wegen der bevorstehenden Landtagswahl. Oskar Lafontaines SPD empfand sie damals als alt und verstaubt, Peter Müller galt als jung und wild. Dass Helmut Kohl trotz seiner Wahlniederlage noch immer als Patriarch der Bundespartei auftrat, störte sie nicht. »Vielleicht hatte die CDU Glück, dass ich mich damals für Bundespolitik nicht interessiert habe«, sagt sie.

Zunächst ging Nadine Müller zum Jurastudium nach Heidelberg, sie wollte Journalistin werden, »das, wovon alle träumen – *Zeit, Spiegel, Stern*«. Sie nennt die Blätter, von denen Kohl einst als »Hamburger Mafia« sprach und in denen Merkels Minister später mit kuscheligen Interviews um die politische Mitte warben. Als Müller an die Uni kam, diskutierte die CDU gerade über Steuern und die Kopfpauschale, es war die Zeit des Leipziger Parteitags. Für solche Themen interessierte sich die Studentin nicht besonders. Sie warf sich lieber auf die Anfängervorlesung im Staatsrecht, konzentrierte sich auf ihre Hausarbeiten. Die Noten waren gut, der Professor ließ fragen, ob sie bei ihm Hilfskraft werden wollte. Sein Name war Paul Kirchhof. Müller erledigte für ihren Chef Literaturrecherchen, heftete in seiner »Forschungsstelle Bundessteuergesetzbuch« die Artikel fürs Pressearchiv ab. Sie las, wie sehr ihr Chef für seine radikalen Vorschläge zur Vereinfachung des Steuerrechts bewundert wurde. Dann kam Kirchhof überraschend in Merkels Kompetenzteam für den Wahlkampf 2005, er musste dort den Platz freihalten für den zaudernden Edmund Stoiber. Auf einmal war er der weltfremde Professor aus Heidelberg. »Das tat richtig weh«, sagt Müller. »Die Partei hat ihn hängen lassen, sie hätte ihn besser coachen müssen.«

Über die Angela Merkel des Leipziger Parteitags und des Kirchhof-Wahlkampfs mag später in der CDU keiner mehr gern reden. Auch ein Anruf bei Norbert Blüm, den die Chefin in Leipzig gedemütigt zurückließ, bleibt zum zehnten Jahrestag von Merkels Wahl ergebnislos. »Sie können gern kommen, aber ich sage Ihnen gleich: Es hat keinen Zweck.« Auch Brunnhuber tut so, als habe es Leipzig im Grunde nicht gegeben. Er sagt, schon damals habe keiner so recht daran geglaubt. »Auf der Heimfahrt haben die Delegierten schon diskutiert, ob das gut geht. Die meisten haben Leipzig zu Hause im Wahlkreis nie verteidigt.« Es sei ein Glück gewesen, dass die CDU damals nicht regiert habe, »so wie Schröder wär's uns auch gegangen«. Immerhin habe es Merkel mit der Bierdeckelsteuer geschafft, ihren Rivalen Friedrich Merz einzubinden und zu zähmen.

Zweimal geriet Brunnhuber mit Merkel wirklich aneinander. Das erste Mal stritt er mit ihr über den Ministerpräsidenten Günther Oettinger und seine Trauerrede für den Vorgänger Hans Filbinger. Beim zweiten Mal war die Papstkritik der Kanzlerin der Grund. In Sachen Filbinger gab der Schwabe seiner Vorsitzenden später recht.

Hat Merkel denn überhaupt nichts falsch gemacht, aus Sicht des Konservativen Brunnhuber – wenn sie sogar recht hatte, als er mit ihr stritt? »In der Opposition kannst du keine Fehler begehen«, beginnt er. »Das gilt auch in der großen Koalition.« Er zögert kurz. »Den Koalitionsvertrag mit der FDP, den hat sie vielleicht nicht scharf genug formuliert. Sie wollte schnell regieren. Aber wer hätte gedacht, dass die FDP so unfähig ist zum Kompromiss?«

Vielleicht muss man die Untiefen dieser Koalition ausloten, um zu sehen, wie sehr Merkel die CDU verändert hat, wie sehr sie die Partei vom alten Kohl'schen Bündnis mit der FDP entfernt hat. Nadine Müller macht im Bundestag Frauenpolitik, zum Frauentag 2010 handelte sie mit der FDP einen Antrag zur Gleichstellung aus – falls man von Verhandlungen sprechen will, denn die FDP-Leute beharrten stur auf ihrer Position: In den Antrag durfte nichts hinein, was die Wirtschaft irgendwie verpflichtet hätte. Zähneknirschend gaben die Unionspolitikerinnen nach, sie mussten sich dafür öffentlich verspotten lassen. Wenig später ging Müller ins Plenum, zur Debatte über das Gesetz gegen Kinderpornografie im Internet. Es sprach ein FDP-Abgeordneter aus Lübeck. Als er ans Rednerpult trat, klatschten die Unionsabgeordneten noch. »Meine sehr geehrten Damen und Herren«, begann er, »ich darf für meine Fraktion sagen, dass wir die Gesetzesinitiativen der Opposition begrüßen.« Von CDU und CSU kam kein Applaus mehr, dafür von den vier übrigen Fraktionen. Abgesprochen war das nicht.

Merkel brauchte die alte Kohl-Koalition, um zu beweisen, dass auch sie Mehrheiten nach Art des Altkanzlers erringen kann, und um zu zeigen, dass ein Rechtsbündnis alten Stils heute nicht mehr funktioniert. Brunnhuber, der Konservative, kann sich darüber amüsieren. »Jetzt fragen alle: Wann packt die den Westerwelle?«, sagt er im Stuttgarter Café, da klammert sich der Außenminister für ein paar Monate noch am Parteivorsitz fest. »Sie wartet, bis er selbst gegen die Wand läuft.« So hat sie es schon mit Merz gemacht, mit Koch, mit Stoiber. Die Liste ist mittlerweile ziemlich lang. Im Mai 2010 kommt der nordrhein-westfälische Wahlverlierer Jürgen Rüttgers hinzu. »Die Kollegen, die Politik noch in Bonn gelernt haben, die verstehen das nicht«, sagt Brunnhuber noch. »Da braucht man Nerven. Die hatte Kohl anfangs auch. Später wurde er zu ungeduldig.«

Vielleicht lässt sich der Tag, an dem es mit dem Mythos von den letzten Konservativen in der CDU endgültig vorbei war, auf den 24. August 2012 datieren. Da wollten ein paar Dutzend Funktionsträger, darunter die Bundestagsabgeordneten Wolfgang Bosbach und Erika Steinbach, ein »Berliner Manifest« vorstellen. Die Runde nannte sich »Berliner Kreis«, sie wollte so etwas wie ein Gegenpol zu einer Vorsitzenden sein, die nach Ansicht der Akteure eine konservative Bastion nach der anderen schleifte. Nun sollte die diffuse Kritik, Merkel verrate die alten Ideale der CDU, unterfüttert werden – durch eine inhaltliche Definition dessen, was diese alten Ideale denn seien.

Daraus wurde nichts. Wenige Tage vor dem geplanten Termin wurde die Pressekonferenz abgesagt. »Aufgrund der Ferienzeit konnte die notwendige redaktionelle Endabstimmung der inhaltlichen Positionierung des Berliner

Kreises wider Erwarten nicht mehr rechtzeitig erfolgen«, erklärte der hessische CDU-Fraktionsvorsitzende Christean Wagner der *Welt* etwas gespreizt. Kürzer formuliert hieß das: Die Runde hatte sich nicht darauf einigen können, was heutzutage unter »konservativ« zu verstehen sei. War damit ein eindeutiges Bekenntnis zur Atomkraft gemeint, das den technischen Fortschritt über die Bewahrung der Schöpfung stellt? Oder sollte es die Forderung nach einem Euro-Austritt Griechenlands sein, gegen die sich das konservative Idol Helmut Kohl mit letzter Kraft gestemmt hatte? Als der »Berliner Kreis« mehr als zwei Monate später doch noch ein weichgespültes Konsenspapier zustande brachte, enthielt es nicht einmal mehr ein klares Nein zur Homo-Ehe – zu jenem Rechtsinstitut also, das auch gleichgeschlechtlichen Paaren den Zugang zu einer konservativen Lebensform ermöglichen soll.

Was Merkel von der Debatte um den angeblich konservativen Kern der CDU wirklich hielt, gab sie im Januar 2010 so deutlich wie nie zu erkennen. Mit dem schwarzgelben Wahlerfolg im Rücken holte sie die Analyse des Wahlergebnisses nach, die sie nach ihrer fast gescheiterten Kampagne von 2005 so sorgfältig vermieden hatte. Wie es ihre Art ist, trug sie die provokanten Thesen nicht selbst vor. Stattdessen bestellte sie den Wahlforscher Matthias Jung in die Klausurtagung des CDU-Vorstands. Die Kritiker des Merkel-Kurses durften schon am Tag zuvor in der *Berliner Zeitung* lesen, was der Mannheimer Demoskop von ihnen hielt. »Katholiken mit starker Kirchenbindung« seien für das Wahlergebnis »nicht relevant«, erklärte Jung. Schließlich stellten sie »nur noch acht Prozent der Wahlberechtigten«. Auch der Kleinbürger sei liberaler geworden: »Der röhrende Hirsch über dem Wohnzimmersofa ist nicht mehr der Inbegriff des Kleinbürgerlichen.« Angehörige dieses Sozialmilieus bekämen auch »keinen Schaum mehr vor dem Mund, wenn sich zwei Homosexuelle rechtlich binden«. Aus seinen Umfragezahlen folgerte der Experte schließlich: »Die Kritik an der Modernisierungsstrategie zeigt also eine gewisse Realitätsferne.«

Schon die Wahl der Begriffe demonstriert die Konfusion. Außenstehende Beobachter sprechen gern vom »Markenkern«, den die CDU angeblich verloren habe. Aber kann sich eine politische Denkrichtung mit Recht »konservativ« nennen, die über eine politische Partei redet wie über die Halberstädter Wurstfabrik, die an dem etwas abgestandenen Rauchgeschmack ihrer Konserven aus Gründen der Erkennbarkeit festhält? Was zeichnen diese Ratgeber für ein Bild von der CDU, wenn sie der Partei empfehlen, sich ein Retro-Mäntelchen aus Positionen zuzulegen, die selbst die Urheber dieser Empfehlungen oft als absurd betrachten?

Als die Christdemokraten im Februar 2013 ihren Widerstand gegen die steuerrechtliche Gleichstellung der Homo-Ehe aufgaben, war sich die *Zeit* zunächst für den Ratschlag nicht zu schade, die CDU solle aus Gründen der politischen Profilbildung die Diskriminierung einer ganzen Bevölkerungsgruppe zu ihrem »Alleinstellungsmerkmal« erklären. Aus Sicht konkurrierender Parteien mag eine derart vergiftete Empfehlung taktisch nachvollziehbar sein, als Element einer seriösen politischen Analyse taugt sie kaum. Sie hat etwas von den Betrachtungen jener Feuilleton-Katholiken, die sich für lateinische Messe und päpstliche Unfehlbarkeit begeistern, ohne doch selbst als aktive Mitglieder der Heiligen Römischen Kirche mit den Schattenseiten dieser ästhetisch gewiss reizvollen Phänomene konfrontiert zu sein.

In welche Untiefen solche Profilierungsversuche führen können, demonstrierte die Debatte über die Homo-Ehe auf dem Hannoveraner CDU-Parteitag Anfang Dezember 2012. Merkel hatte sich zu diesem Zeitpunkt entschlossen, in dem aus ihrer Sicht nicht wahlentscheidenden Streit die Konservativen gewähren zu lassen. Für ein Zugeständnis in diesem Punkt sprach, dass das Bundesverfassungsgericht aller Wahrscheinlichkeit nach die steuerrechtliche Gleichstellung in absehbarer Zeit erzwingen würde, ein gegenteiliger Parteitagsbeschluss mithin keine praktischen Folgen haben würde. Die Parteispitze machte sich einen Antrag aus dem Kreisverband Fulda zu eigen, der sich gegen die Gleichstellung homosexueller Partnerschaften aussprach, und ersetzte darin die offen diskriminierenden Passagen durch Floskeln vermeintlicher Anerkennung. Die CDU respektiere auch die Entscheidung von Menschen, hieß es da, »die in anderen Formen der Partnerschaft ihren Lebensentwurf verwirklichen«. Diese Formulierung betrachteten die schwulen Christdemokraten, die auf dem Parteitag redeten, zu Recht als Diskriminierung. »Ich verwirkliche mich nicht selbst. Ich bin, wie ich bin«, sagte der Bundestagsabgeordnete Jens Spahn. Im folgenden Frühjahr scheiterte Merkel mit einem über die Bundestagsfraktion lancierten Versuch, das Thema noch vor der Gerichtsentscheidung zu bereinigen, am Widerstand der CSU. Mit dem Parteitagsbeschluss hatten sich die Kontrahenten noch abfinden können, nun waren beide Seiten vor den Kopf gestoßen: Die Gegner der Homo-Ehe verübelten es der Kanzlerin, dass sie überhaupt einen solchen Anlauf unternommen hatte, die Befürworter waren irritiert, weil sie erneut einen Rückzieher machte.

Anders als die modische Rede der Werbetexter von einem konservativen »Markenkern« suggeriert, liegt die wahre Identität der CDU wohl in ihrem ehernen Machtpragmatismus. Das zeigte sich ein weiteres Mal, als Angela Merkel zum Jahresbeginn 2009 mitten in der Finanz- und Wirtschaftskrise auf Druck des nordrhein-westfälischen Ministerpräsidenten nach der Bankenrettung auch ein Hilfsprogramm für Unternehmen der Realwirtschaft befürwortete. Das Programm erwies sich angesichts des baldigen Wirtschaftsaufschwungs zwar als überflüssig. In Teilen der Öffentlichkeit löste es aber eine erregte Debatte darüber aus, ob Merkel nun zum Staatssozialismus überlaufe, wieder einmal Grundüberzeugungen ihrer Partei verrate und die Abkehr vom wirtschaftsliberalen Programm des Leipziger Parteitags auf die Spitze treibe. Im Krisenwahlkampf 2009 knüpfte Merkel dann tatsächlich an die alten Leitbilder des rheinischen Kapitalismus und die väterliche Fürsorge ihres Vorgängers Konrad Adenauer an, wozu der 60. Geburtstag der Bundesrepublik weidlich Gelegenheit gab.

Der Kursschwenk erschien damals manchen so abrupt wie jener, den Gerhard Schröder in der SPD mit seiner

Agenda 2010 vollzogen hatte. Nur geschah er unter umgekehrten Vorzeichen und bestätigte einmal mehr die politische Erfahrung, dass Parteien ihre vermeintlichen »Besitzstände« nur selbst abräumen können. So war nur der CDU-Kanzler Konrad Adenauer in der Lage, die antiwestlich geprägten deutschen Konservativen an atlantische Westbindung und europäische Vereinigung heranzuführen, wobei ihm die kommunistische Bedrohung zu Hilfe kam: Niemand konnte sich dem pragmatischen Argument verschließen, dass gegen Moskau nur der Schulterschluss mit Washington half und dass sich auf diese Weise außerdem die jüngste Vergangenheit bequem verdrängen ließ. Das leuchtete auch jenen ein, die in den Amerikanern weiterhin kulturlose und von einem dekadenten Kapitalismus verseuchte Lümmel sahen, die Kaugummi kauten und zu eng anliegende Hosen trugen.

Bevor Merkel im Januar 2009 mit ihren Parteifreunden in Erfurt in Klausur ging, hielt sie im »Kaisersaal« der Thüringer Landeshauptstadt eine Rede. Es handelt sich um das Veranstaltungslokal, in dem die SPD nach dem Ende des Sozialistengesetzes 1891 ihr legendäres Erfurter Programm beschloss. Dessen Grundgedanken fasste der Parteiideologe Karl Kautsky in dem Bonmot zusammen: Die SPD ist eine revolutionäre, aber keine Revolutionen machende Partei. Bei der CDU verhält es sich umgekehrt, wie Merkel in Erfurt demonstrierte: Die Union ist keine revolutionäre, aber eine Revolutionen machende Partei.

Der SPD des Kaiserreichs half diese programmatische Verrenkung nicht. Die Partei eilte von Wahlsieg zu Wahlsieg, wusste damit aber nichts anzufangen. Die CDU scheint die Umwälzungen besser zu verkraften, nicht nur wegen ihres überbordenden Machtpragmatismus, sondern auch, weil sie damit zu eigenen, sozialpaternalistischen Wurzeln zurückkehrt. Zu den großen politischen Missverständnissen des zurückliegenden Jahrzehnts zählt die Annahme, der frühere Bundeskanzler Gerhard Schröder habe mit seiner »Agenda 2010« uralte Traditionsbestände der Sozialdemokratie abgeräumt. In Wahrheit ist der versorgende Sozialstaat in seiner spezifisch deutschen Ausformung fast ausschließlich das Werk der Konservativen.

Die Sozialdemokratie favorisierte zunächst staatsferne Modelle der Selbstorganisation, trat für Mitbestimmung ein und wollte Kanäle des sozialen Aufstiegs öffnen. Erst Exponenten der politischen Rechten wie Reichskanzler Otto von Bismarck, Bundeskanzler Konrad Adenauer oder auch Unionsfraktionschef Rainer Barzel zwangen die SPD, ein System staatlich organisierter Statussicherung zu akzeptieren und auszubauen, das die Grundstruktur einer undurchlässigen Klassengesellschaft zementierte. Das gilt auch für die Sozialleistung, deren Abschaffung in den Auseinandersetzungen um Schröders Agendapolitik im Zentrum stand: für die Arbeitslosenhilfe. Sie war von Adenauer 1956 überhaupt erst eingeführt worden und gehörte zu jenem üppigen Paket neuer sozialer Leistungen, mit dem der erste Bundeskanzler den Wahlkampf 1957 vorbereitete. Das Manöver trug ihm die einzige absolute Mehrheit ein, die eine Fraktion im Deutschen Bundestag je errang. Bei der Arbeitslosenhilfe setzte sich Adenauer gegen die Fachleute des Finanzministeriums durch, die vor der Schaffung einer »ewigen Rente« für Erwerbslose warnten und unabsehbare finanzielle Lasten voraussagten.

Gegen den Widerstand seines Wirtschaftsministers Ludwig Erhard setzte Adenauer zur gleichen Zeit das Prinzip der »dynamischen Rente« durch, das die Altersbezüge an die Entwicklung der Einkommen koppelte und das Rentenniveau auf einen Schlag um 65 Prozent emporschnellen ließ. Das Konzept ging auf: Bis heute ist die Rentnerklientel neben den Beamten das verlässlichste Wählerbataillon der CDU, die auf diese Weise zu einer Partei der Transferempfänger wurde. Damit folgte sie abermals dem Kalkül, das schon den Konservativen Otto von Bismarck bei der Einführung der Sozialversicherung geleitet hatte. Der erste Reichskanzler wolle ein Heer von Staatsrentnern schaffen, so lautete die Kritik der oppositionellen Sozialdemokratie, und der Arbeiterpartei damit die Wähler abspenstig machen.

Das Spektakel wiederholte sich bei der Rentenreform von 1972, einem Lehrstück über »Nutzen und Nachteil parlamentarischer Parteienkonkurrenz«, wie der Historiker Hans Günter Hockerts schrieb. Erst auf Druck der CDU/CSU verband die SPD-geführte Bundesregierung die geplante Absenkung des Rentenalters mit einer starken Anhebung des Rentenniveaus. Diesmal kam die Reform einer Wählerschaft entgegen, die von Willy Brandts anspruchsvoller Reformpolitik überfordert war. Die Parteien schlossen einen Kompromiss, schreibt Hockerts, der dem Bürger »eine Pause beim Mehr-Demokratie-Wagen gönnte und statt dessen seine tiefe Sehnsucht nach dem fürsorglichen Vater Staat sanft berührte«. Den Erfolg heimste allerdings nicht die oppositionelle Union ein, die den Aufschlag initiiert hatte, sondern wie üblich die amtierende Regierung. Bei der anschließenden »Willy-Wahl« erzielte die SPD das beste Ergebnis ihrer Geschichte.

Insofern folgten die Wähler einem richtigen Instinkt, als sie sich aus Protest gegen Schröders Reformagenda zunächst den Unionsparteien zuwandten. Sie hatten sich in den ersten 50 Jahren der Bundesrepublik daran gewöhnt, die beiden Volksparteien auf der Suche nach materiellen Vorteilen gegeneinander auszuspielen wie ein verwöhntes Kind seine Eltern. Auch deshalb haben die Unionsparteien insgesamt länger regiert, weil sie dieser Bequemlichkeit mit ihrem konservativen Konzept des Versorgungsstaats stärker entgegenkamen als die SPD. Deren anspruchsvollere Idee einer Aufstiegs- und Leistungsgesellschaft musste einer Mehrheit der Wählerschaft eher erscheinen wie die strenge elterliche Nachfrage, ob man seine Hausaufgaben denn schon gemacht habe.

Dieser Mechanismus erklärt, warum die neue politische Formation der Linkspartei nicht schon während der Agenda-Debatte des Jahres 2003 entstand, sondern im Bundestagswahlkampf 2005. Erst als die CDU-Vorsitzende Merkel mit dem Leipziger Parteitag und der Nominierung des Steuerexperten Paul Kirchhof auch dem letzten Wähler verdeutlicht hatte, dass von ihr sozialpolitisch nichts zu erhoffen war, öffnete sich der Raum für eine neue politische Formation jenseits der etablierten Volksparteien. Letztlich war es der Kurswechsel auch der Union, der den Erfolg der Linkspartei begründete. Die Agendapolitik der

SPD allein hätte das nicht vermocht. Kurzfristig verzichtete Merkel mit ihrer Reformstrategie auf Stimmen aus dem sozialdemokratischen Spektrum. Langfristig bedeutete die Gründung der Linken für sie einen großen strategischen Vorteil: Die neue Partei spaltete das gegnerische Spektrum auf, und mit dem »Verräter« Oskar Lafontaine wollte die SPD anders als mit der biederen ostdeutschen Regionalpartei PDS nicht koalieren. Folglich entstand eine Konstellation, die der CDU und ihrer wendigen Vorsitzenden trotz immer schlechterer Wahlergebnisse eine Schlüsselstellung bei der Koalitionsbildung einbrachte.

Merkel hat also keineswegs eine »Sozialdemokratisierung« der CDU betrieben, sondern ganz im Gegenteil während ihrer Leipzig-Kirchhof-Phase die Partei von deren sozialpaternalistischen Wurzeln weggeführt. Die große Koalition mit der SPD half ihr, den neuerlichen Kurswechsel als Zugeständnis an den Regierungspartner zu verschleiern. Doch in Wirklichkeit leisteten die Sozialdemokraten gegen die Teilrücknahme der Hartz-Reformen anfangs erheblichen Widerstand, die Initiative ging von dem CDU-Politiker Rüttgers aus. Der sozialdemokratische Arbeitsminister Franz Müntefering wollte die Reformpolitik durch die Einführung der Rente mit 67 hingegen fortsetzen. Das Vorhaben fand zwar die Zustimmung Merkels, allzu offensiv hat sich die Vorsitzende der Rentnerpartei bei dem Thema allerdings nicht exponiert.

»Sozialdemokratisch« ist an Merkels Politik allenfalls der pragmatische Ansatz verantwortungsgeleiteter Politik, der Versuch, den Laden jenseits ideologischer Grundsätze irgendwie über Wasser zu halten – wie es die SPD während der Weimarer Republik zeitweise bis an die Grenze der Selbstverleugnung getan hat. Die Neigung, fürs Gemeinwohl notfalls auch die eigene Mehrheitsfähigkeit zu riskieren, ist bei Merkel allerdings deutlich weniger ausgeprägt. Wahltaktisch ist das von Vorteil.

Die Versuche, innerhalb der CDU einen »konservativen« Widerstand gegen Merkel zu organisieren, scheiterten nicht zuletzt an dem Missverständnis, dass Konservatismus und Wirtschaftsliberalismus dasselbe seien. In Wahrheit lassen sich politisch-programmatisch kaum größere Widersprüche vorstellen als zwischen diesen beiden Prinzipien. Traditionell zeichnen sich die deutschen Konservativen durch eine starke Staatsorientierung aus. Im angelsächsischen Raum schuf sich die Zivilgesellschaft ihre politische Organisationsform im Wesentlichen selbst, in einigen südeuropäischen Ländern mit langer Tradition der Fremdherrschaft gilt der Staat als ferne Institution, die es zu klientelistischen Zwecken auszubeuten gilt. In Deutschland hingegen war er vielfach der Agent von Modernisierung und Reform, vorneweg in Preußen, aber auch in süddeutschen Ländern wie Bayern, Württemberg und Baden. Auch Marktwirtschaft und Kapitalismus sind hierzulande seine Kinder.

Am deutlichsten zeigt sich diese Tradition bei dem badischen Konservativen Wolfgang Schäuble. »Wenn ich über Sie nachdenke, kommt mir das schöne Wort Dolf Sternbergers von der ›Staatsfreundschaft‹ in den Sinn«, sagte Bundespräsident Joachim Gauck bei einem Mittagessen zu Schäubles 70. Geburtstag im Schloss Bellevue. »Sternberger bezeichnete damit die ›politische Gesinnung‹, die

›staatszugewandte‹ innere Haltung, derer das Verhältnis der Bürger zur Stadt, zum Staat, zum Vaterland bedürfe. Sie, lieber Herr Schäuble, sind ein solcher Staatsfreund. Einer, der weiß, dass es des Staates bedarf, um Freiheit zu sichern.« Merkel selbst, die im Deutschen Theater auf einer Feier zu Schäubles Geburtstag sprach, ging auf diesen Aspekt seiner Persönlichkeit bezeichnenderweise nicht ein.

Nicht nur das Sozialmodell oder das Staatsverständnis, auch das Familienbild der Konservativen ist mit rein wirtschaftsliberalen Vorstellungen nur schwer zu vereinbaren. Insbesondere der frühere baden-württembergische Ministerpräsident Erwin Teufel hat darauf immer wieder hingewiesen. So verlangen die Arbeitgeberverbände vor dem Hintergrund eines drohenden Fachkräftemangels, möglichst viele Frauen in Erwerbsarbeit zu bringen, die Betreuungsmöglichkeiten für Kinder zu verbessern und die Auszeiten für Erziehungszwecke bei Müttern und Vätern möglichst kurz zu halten. Ein als Inbegriff konservativer Vorstellungen gefeiertes »Betreuungsgeld«, das den Unternehmen Arbeitskräfte entzieht und noch dazu die Steuerbelastung erhöht, findet naturgemäß nicht deren Zustimmung. In einem umfassenderen Sinn ist auch das Ziel, unter Hintanstellung anderer Prioritäten viel Geld zu verdienen, möglichst viel zu konsumieren und damit die Volkswirtschaft anzukurbeln, mit dem christlichen Ideal des Maßhaltens schwer zu vereinbaren.

Kaum etwas hat in den vergangenen Jahrzehnten so viel zur Steigerung des Bruttosozialprodukts beigetragen wie die Auflösung traditioneller Familienstrukturen. Leistungen, die bisher in keiner Statistik auftauchten, wurden in die ökonomische Sphäre überführt. An die Stelle von Thermoskanne und häuslichem Kochen sind »Coffee to go« und Suppenbar getreten. Die heimische Kinderbetreuung wurde durch sozialversicherungspflichtige Kita-Erzieher ersetzt. Die Inanspruchnahme professioneller Putzkräfte, früher ein Privileg der Oberschicht, hat sich in der sozialen Hierarchie weit nach unten ausgebreitet (in den meisten Fällen allerdings noch immer ohne Niederschlag in der amtlichen Statistik).

Zusätzlich verwirrt wurden die weltanschaulichen Fronten durch die Debatte über den Islam. Der Gesprächsleitfaden, den das baden-württembergische Innenministerium 2006 für Einbürgerungswillige mit muslimischem Hintergrund einführte, machte aus der positiven Einstellung zu Homosexualität und Frauenemanzipation eine Voraussetzung für den Erwerb der deutschen Staatsangehörigkeit. Die Radikalität, mit der konservative deutsche Politiker auf einmal gegen konservative Muslime vorgingen, ließ sich mit dem Beharren auf eigenen Traditionsbeständen schwer vereinbaren. Klarer als die meisten CDU-Politiker hatten das die großen christlichen Kirchen erkannt, die das muslimische Bestreben nach eigenem Religionsunterricht oder theologischen Lehrstühlen an den Universitäten in der Regel unterstützten. Daraus sprach das Bewusstsein, dass es hier um die Rolle von Religion in der Öffentlichkeit überhaupt ging und nicht nur um spezifische Anliegen der Muslime.

Weitere Einsichten zu den gedanklichen Unschärfen mancher »konservativer« Merkel-Kritiker lassen sich aus dem Buch der früheren Kohl-Beraterin Gertrud Höhler gewinnen. Die These, die frühere DDR-Bürgerin Angela Merkel wolle nach dem Motto »gelernt ist gelernt« in Deutschland die Planwirtschaft wieder einführen, verdient keine ernsthafte Erörterung. Aufschlussreich sind dagegen die Ausführungen zur Euro-Krise. Als Zeugen für die Unfähigkeit der Kanzlerin zieht die Autorin sowohl den früheren CDU/CSU-Fraktionsvorsitzenden Friedrich Merz als auch den amerikanischen Wirtschaftsnobelpreisträger Paul Krugman heran. Dass der eine für eine strikte Austeritätspolitik und den Ausschluss überschuldeter Länder aus der Euro-Zone plädiert, der andere hingegen für eine großzügige Politik des lockeren Geldes, lässt die Literaturwissenschaftlerin außer Acht. Der pauschale Vorwurf der Unfähigkeit macht politische Richtungsfragen offenkundig irrelevant.

Die Deutschen sind in ihrer großen Mehrheit sehr wohl konservativ, aber in einem anderen Sinn. An diesen spezifischen Konservatismus der Westdeutschen musste sich Merkel im Verlauf ihrer politischen Karriere erst mühsam gewöhnen. Die Deutschen sind über die Jahrzehnte zwar liberaler und offener geworden, und die wichtigste Phase dieser gesellschaftlichen Modernisierung fiel sogar in die Amtszeit Helmut Kohls. Die erste rot-grüne Bundesregierung musste diese Entwicklung nur noch notariell beglaubigen. Die Kanzlerschaft der untypischen Christdemokratin Angela Merkel wäre ohne diesen Vorlauf nur schwer vorstellbar gewesen.

Trotz dieses Wandels hält sich die Bereitschaft zu durchgreifenden Veränderungen aber in engen Grenzen, das ist in den meisten westlichen Demokratien so. Von allen Regierungsformen besitzt die Mehrheitsherrschaft vermutlich die größten Beharrungskräfte, wie schon Bismarck bei der Einführung des allgemeinen Reichstagswahlrechts wusste. In den saturierten Gesellschaften des Westens kommt die Angst vor Wohlstandsverlusten hinzu. In Deutschland wird das Phänomen durch den Föderalismus und die häufigen Wahlen verstärkt, auch durch das Verhältniswahlrecht, das zu nicht immer einfachen Koalitionen zwingt. Dieses konservative Element war nicht immer nur ein Fluch, sondern oft auch ein Segen. Die vielgerühmte industrielle Basis der deutschen Exportwirtschaft stünde heute nicht so gut da, wenn die Politik den modischen Wandel zu einer reinen Dienstleistungsgesellschaft mit größerer Durchschlagskraft hätte vorantreiben können. Auch haben sich die deutschen Lebenswelten in den zurückliegenden zwei Jahrzehnten bereits erheblich verändert und beschleunigt. Der Modernisierungsschock, der den Osten des Landes mit der Währungsunion vom Sommer 1990 traf, pflanzte sich mit einer gewissen Verzögerung auch in die weiter westlich gelegenen Regionen fort.

Sprach man in den frühen Jahren der Parteivorsitzenden Merkel mit jüngeren CDU-Politikern, die den Modernisierungskurs befürworteten, dann hörte man oft den Satz: Warten Sie nur, in ein paar Jahren ist die CDU eine andere Partei. Das ist sie heute tatsächlich, und eine der Volten auf diesem Weg betraf die Atompolitik.

KAPITEL 4:
ATOM

Am 15. September 2010 lernten die Zuhörer im Reichstag die vermeintliche Konsenskanzlerin von einer anderen Seite kennen. Fast ein Jahr war vergangen, seit Merkel von der großen Koalition mit der SPD ins Bündnis mit der FDP gewechselt war. Am Abend der Bundestagswahl hatte sie angekündigt, sie wolle weiterhin »die Bundeskanzlerin aller Deutschen sein«. Nach diesem Prinzip hatte sie zunächst auch regiert und in der Zwischenzeit kaum etwas entschieden, jedenfalls nichts, was einen größeren Teil der Deutschen gegen die Regierungschefin hätte aufbringen können. Im Frühjahr war sie nicht umhin gekommen, eine Staatspleite Griechenlands zu verhindern, und im Frühsommer war der von ihr erkorene Bundespräsident Horst Köhler überraschend geflüchtet. Aber die Debatte um den Euro hatte sich vorübergehend wieder beruhigt, und den Rücktritt des Staatsoberhaupts hatte Merkel genutzt, um einen ihrer letzten innerparteilichen Gegner ins Schloss Bellevue abzuschieben.

Umso erstaunlicher erschien der Auftritt, den sie an diesem Tag in der Haushaltsdebatte des Bundestags hinlegte.

Nach Konsens klang in ihrer langen Rede nichts, stattdessen suchte sie die Konfrontation ausgerechnet bei Themen, bei denen die Opposition einen beträchtlichen Teil der Bevölkerung hinter sich wusste. Frontal griff sie die Wutbürger an, die gegen das Projekt eines Tiefbahnhofs in der baden-württembergischen Landeshauptstadt protestierten. »Die Grünen sind immer für die Stärkung der Schiene. Wenn es aber einmal um einen neuen Bahnhof geht, sind sie natürlich dagegen«, rief sie ins Plenum. »Diese Art von Standhaftigkeit ist genau das, was Deutschland nicht nach vorne bringt.« Die Landtagswahl im kommenden Frühjahr, kündigte sie an, werde »die Befragung der Bürger über Stuttgart 21« sein.

Vor allem aber ging Merkel bei einem anderen Thema aufs Ganze. »Wir tun den Menschen keinen Gefallen«, erklärte sie, »wenn wir aus ideologischen Gründen die Kernkraftwerke abschalten.« Im internationalen Wettbewerb ergebe es keinen Sinn, »ideologiegetriebene Energiepolitik zu machen«. Zehn Tage zuvor hatte Merkel auf einem »Atomgipfel« im Kanzleramt den Atomkonsens der rot-grünen Regierung aufgekündigt und die Laufzeiten der deutschen Atomkraftwerke um durchschnittlich zwölf Jahre verlängert. Überall im Land waren wieder die gelb-roten Aufkleber mit der Aufschrift »Atomkraft? Nein danke!« zu sehen. Sie verbreiteten ein nostalgisches Flair wie Retro-Sneaker oder braun-orange gemusterte Siebzigerjahre-Tapeten. In einer merkwürdigen Inszenierung, die nicht ganz echt wirkte, spielte die Republik die Kontroversen aus der alten Bundesrepublik noch einmal nach. Das geschah ausgerechnet unter einer Kanzlern, die angeblich so perfekt den Konsens des schwarz-grünen Neo-Bürgertums verkörperte und mit ihrem Pragmatismus für ein ideologiefreies Deutschland stand.

Die Motive, aus denen sich Merkel im Spätsommer 2010 in eine Lagerkanzlerin verwandelte, lagen auf der Hand. Der zermürbende Steuerstreit mit der FDP hatte das erste halbe Jahr der Legislaturperiode beherrscht, dann war die nordrhein-westfälische Landtagswahl verloren gegangen. Mit Blick auf die bevorstehende Landtagswahl in Baden-Württemberg suchte die CDU-Vorsitzende nach einem schwarz-gelben Identitätsthema für die eigene Kernwählerschaft. Sollte in Stuttgart der Grüne Winfried Kretschmann neuer Ministerpräsident werden oder gar ein *no name* von der SPD, wäre es für die CDU ein Debakel. Merkel musste zeigen, dass sie in dem neuen Bündnis nicht alles genauso machte wie zuvor mit den Roten.

Die Maxime galt umso mehr, als in den südlichen Bundesländern andere Regeln für die Wählermobilisierung zu beachten waren als in der übrigen Republik. In nördlicheren Gefilden ging es darum, die Kanten des CDU-Profils abzuschleifen und die Partei so weit wie möglich in Richtung Mitte zu rücken. Jürgen Rüttgers in Nordrhein-Westfalen, Christian Wulff in Niedersachsen oder Ole von Beust in Hamburg waren damit zumindest zeitweise erfolgreich. Im Süden war die recht gefestigte Anhängerschaft dagegen nur mit einem Lagerwahlkampf zu mobilisieren, jedenfalls glaubten das die Strategen. In Bayern brauchte man sich darum keine Sorgen zu machen, dort erledigte die CSU das alleine. In Baden-Württemberg war es auch die Aufgabe der CDU-Bundesvorsitzenden.

Bei der Berliner Regierungsbildung im Herbst 2009 hatte Merkel schon vorgebaut. Lange war gerätselt worden, wen sie als EU-Kommissar nach Brüssel schicken würde, an Stelle des Sozialdemokraten Günter Verheugen. Würde ihre Wahl auf den alten Vertrauten Peter Altmaier fallen, der als früherer EU-Beamter die Materie gut kannte, auf Peter Hintze, den einflussreichen Vorsitzenden der nordrhein-westfälischen CDU-Landesgruppe im Bundestag, oder auf ihren Rivalen Roland Koch, der nach seiner Beinahe-Niederlage gegen die Sozialdemokratin Andrea Ypsilanti schwer angeschlagen war?

Nichts davon trat ein. Noch am Tag, an dem die Koalitionsvereinbarung geschlossen wurde, tat die CDU-Zentrale geheimnisvoll. »Sie werden alle überrascht sein«, hieß es. So kam es. Der Name des Erwählten lautete Günther Oettinger. Merkel erhörte die Rufe ihrer Vertrauten aus Baden-Württemberg und erlöste sie von einem unpopulären Regierungschef, der als Mitglied des gegen Merkel gerichteten Andenpakts gern den Rivalen der Kanzlerin gab. Es war nicht allein die missratene Trauerrede für den verstorbenen Vorgänger Hans Filbinger, die seinem Ansehen abträglich war. Oettinger hatte auch andere Gelegenheiten genutzt, sich um Kopf und Kragen zu reden. So verglich er sich in einem Interview mit seinem Vorgänger Lothar Späth, der »als Nachfolger von Kohl gesehen wurde und ihn am Ende fast stürzte«. Auf die Nachfrage, ob er damit der Kanzlerin drohen wolle, fügte er hinzu: »Ich bin jetzt drei Jahre Regierungschef, also warten Sie mal ab.« Jedenfalls traue er sich jedes Amt in Berlin zu. »Die kochen ja auch nur mit Wasser.«

Mit Blick auf Oettinger mochte Merkels Entscheidung also plausibel sein, nicht aber mit Blick auf den Mann, auf den die Nachfolge am Ende zulief: Stefan Mappus, der ehrgeizige Vorsitzende der CDU-Landtagsfraktion, setzte sich gerne als bulliger und polternder Wiedergänger des konservativen Idols Franz Josef Strauß in Szene. Seine Nominierung sollte sich wenig später als fataler Fehler erweisen.

Die Rochade hatte sich Merkel offenbar von zwei Vertrauten einreden lassen, von ihrer Bildungsministerin Annette Schavan und ihrem Fraktionschef Volker Kauder. Dazu muss man wissen, dass Kauder der Patenonkel eines der beiden Mappus-Söhne ist und dass Schavan die Gattin des Kurzzeit-Ministerpräsidenten aus der Frauen-Union gut kennt. Mit Mappus verbunden war Merkel auch durch dessen enge Weggefährtin Tanja Gönner, die nicht erst seit ihrer Zeit als baden-württembergische Umweltministerin die besondere Förderung der CDU-Bundesvorsitzenden genoss.

Mappus drängte im Sommer 2010 auf verlängerte Laufzeiten für die deutschen Atomkraftwerke, aber auch die beiden anderen Atomländer Bayern und Hessen. Doch als sich die führenden Politiker der Regierungskoalition am Abend des 5. September 2010 im Kanzleramt trafen, teilten sie vor allem einen Wunsch: Sie alle wollten dem damaligen Bundesumweltminister Norbert Röttgen, der gerade um den nordrhein-westfälischen CDU-Landesvorsitz kämpfte, seine Grenzen aufzeigen. Röttgen hatte im Frühjahr seiner Partei geraten, sie solle sich »gut überlegen, ob sie gerade die Kernenergie zu einem Alleinstellungsmerkmal machen will«.

Die Verlängerung der Laufzeiten war nun nicht mehr zu verhindern, Röttgen kämpfte aber dafür, dass sie möglichst kurz ausfallen solle. Mit seinem öffentlich erteilten Ratschlag hatte er sich jedoch keine Freunde gemacht. Wichtige Akteure hatten darüber hinaus dem Minister ganz persönlich etwas heimzuzahlen. Dem Fraktionsvorsitzenden Kauder hatte Röttgen nach der Wahl den Posten streitig gemacht, und den FDP-Chef Guido Westerwelle hatte er nach dessen Aufsatz über spätrömische Dekadenz als »irreparabel beschädigt« bezeichnet. Kanzleramtschef Ronald Pofalla, der die Atomkraft einst als »Öko-Energie« bezeichnet hatte, war spätestens seit Röttgens Alleinstellungs-Interview kein Freund des Umweltministers mehr. Und Merkel selbst besaß keinen Grund, sich für den Erfolg eines Ex-Getreuen in die Bresche zu werfen, der sich gerade mit einer eigenen Machtbasis von der Kanzlerin unabhängig machen wollte. »Es gab einen sportlichen Ehrgeiz, zu zeigen, dass Norbert Röttgen nicht der Herr im Haus ist«, sagte damals einer, der nah an Merkel dran ist.

In Verkennung dieser Machtverhältnisse hatten führende deutsche Manager noch kurz vor der Entscheidung mit Merkels Wissen in einer Anzeigenkampagne für längere Laufzeiten geworben. Offenbar befürchteten sie einen Sieg des Umweltministers, der einen beträchtlichen Teil der Öffentlichkeit auf seiner Seite hatte. Ihrem Anliegen war das eher abträglich, weil der Eindruck entstand, die Kanzlerin handle nur als Agentin von Wirtschaftsinteressen. Er wurde dadurch verstärkt, dass die Regierung eine noch in der Nacht mit der Atomwirtschaft geschlossene Vereinbarung über die Aufteilung der erwarteten Zusatzgewinne unter Verschluss hielt – obwohl Merkel damit nach eigener Darstellung das Ziel verfolgte, einen möglichst großen Teil der Erträge in die Staatskasse zu leiten.

Die Motive der Kanzlerin waren machtpolitischer Natur. Die Konzerne spielten vor allem deshalb eine Rolle, weil sie im CDU-Wirtschaftsflügel und dem Koalitionspartner FDP einen politischen Transmissionsriemen fanden. Um ein Signal an diese Zielgruppen, die sie in den ersten Monaten von Schwarz-Gelb vernachlässigt hatte, war es Merkel mit der Laufzeitverlängerung zu tun.

Programmatisch war die Wende von langer Hand vorbereitet. Im Sommer 2008 hatte die CDU-Spitze mit Blick auf den Bundestagswahlkampf ein Thesenpapier zur Umweltpolitik beschlossen. Es enthielt bereits das Bekenntnis zu längeren Laufzeiten für die deutschen Atomkraftwerke. Nach der Sitzung fiel der Satz des damaligen Generalsekretärs Pofalla: »Kernkraft ist für die CDU Öko-Energie.« Vor dem Hintergrund stark steigender Energiepreise hatten Meinungsforscher zu jener Zeit eine Mehrheit für längere Laufzeiten der Atomkraftwerke ermittelt, zum ersten und bis heute einzigen Mal seit dem rot-grünen Ausstiegsbeschluss. Selbst bei den Grünen tobte eine Debatte, ob der Totalausstieg aus allen herkömmlichen Energieträgern realistisch sei oder ob man zumindest Kohlekraftwerke für eine Übergangszeit noch brauche.

Beschlossen war die Laufzeitverlängerung damit noch nicht. Merkel wäre die letzte, die sich Parteibeschlüssen auf alle Zeiten verpflichtet fühlt. Im Wahlprogramm stand auch der Wunsch nach Steuersenkungen, den Merkel rasch beerdigte. In der Bevölkerung kam der Kurswechsel bei diesem Thema sehr gut an, die Beharrlichkeit der FDP wurde hingegen als unpolitischer Starrsinn ausgelegt. Und in der Atomfrage hatten sich die Mehrheiten längst wieder gedreht.

Einiges spricht dafür, dass sich Merkel im Spätsommer 2010 aus ähnlichen Gründen zur Atom-Offensive entschloss wie zwei Wahlperioden früher zu ihrem Plädoyer für den Irak-Krieg. Sie wählte das Thema demnach nicht, weil sie die Atom-Angst oder den Pazifismus der Deutschen unterschätzte. Sie suchte es gerade deshalb aus, weil es den größten Knalleffekt versprach. Wie könnte sie besser einen Winter lang die Lagerkanzlerin spielen als mit einer wütenden Schar von Demonstranten vor dem Kanzleramt? Womit könnte sie konservative Männer in Süddeutschland besser beeindrucken als mit völliger Furchtlosigkeit angesichts der unsichtbaren Gefahren des Atoms? Wenn es ein Thema gab, das in Deutschland als ähnlich abgründig galt wie ein Militäreinsatz, dann war es dieses. Während der Jahrzehnte des Ost-West-Konflikts war das Wörtchen »Atom« fast untrennbar mit dem Wort »Krieg« verbunden, weshalb die Energiekonzerne vergeblich versuchten, das unbelastete Wort »Kernenergie« durchzusetzen. Bei beiden Themen ging es um die Standhaftigkeit der Realpolitiker gegenüber den Furchtsamen, die aus lauter Angst bereit waren, sich von den Finsterlingen dieser Welt überrollen zu lassen oder wieder ohne Strom auf den Bäumen zu sitzen.

Merkel ging aufs Ganze, wie immer, wenn sie sich einmal entschieden hat. Kurz vor dem Treffen im Kanzleramt unternahm sie eine »Energiereise«. Sie besuchte unter anderen das Atomkraftwerk Emsland und ließ sich mit dem RWE-Manager Jürgen Großmann fotografieren, dem Gottseibeiuns der Atomkraftgegner. Der Andrang der Journalisten war beträchtlich, der Gruselfaktor hoch. Kühlturm, Reaktorkuppel und Abluftkamin ragten in den trüben norddeutschen Himmel, aus dem es den ganzen Tag regnete. Graben, Betonzaun, Stacheldraht weckten Erinnerungen an die DDR und ließen zugleich an das Kraftwerk aus den »Simpsons« denken, in dem ausgerechnet der Tolpatsch Homer als Sicherheitsinspektor amtiert. Auf Eisenbahnwaggons dampften Rohre in der kühlen Luft.

Die Medienleute warteten in der Kantine. Plötzlich stand Großmann da, im fahlen Neonlicht neben den Gummibäumen. Der massige Mann, der immer ein bisschen an den Schauspieler Peter Ustinov erinnert, griff sich mit seinen fleischigen Händen die Suppenkelle, schöpfte aus einem großen Topf eine ordentliche Portion westfälische Hochzeitssuppe und nahm ein belegtes Brötchen vom Tablett. Das Wasser rann ihm von der Stirn, man wusste nicht genau, ob er schwitzte oder ob es nur Regenwasser war. Dann ließ er sich auf einen Stuhl fallen. »Ich kenn' sie ja nun schon ein paar Jahre«, sagte er lässig über die Bundeskanzlerin, mit deren Vorgänger er gerne schweren Rotwein getrunken hatte. Nach der Anzeigenkampagne des Managers und seiner Freunde kämpfte Merkel darum, nicht als Vollzugsorgan der Atombranche zu erscheinen. »Bei mir ist das immer so: Wenn irgendetwas in Richtung einer Drohung oder eines Gepresstwerdens führt, dann führt das bei mir meistens zu einer totalen Gegenbewegung«, hatte sie gerade in einem Interview gesagt.

Merkel ließ sich in der Atompolitik zwar vom Machtkalkül leiten, ihre Furchtlosigkeit im Angesicht des Atoms war aber nicht nur vorgetäuscht. Hier kommt die Physikerin ins Spiel. Nicht alles an der Politik der Kanzlerin lässt sich mit dem Studienfach erklären: In machtpolitischen Fragen handelt sie oft wie der Historiker Helmut Kohl, ihr distanzierter Blick auf politische Versuchsanordnungen hat viel stärker mit der Perspektive der Außenseiterin zu tun. Doch in Fragen der Atomphysik ist ihr früherer Beruf durchaus von Belang.

Merkel stolperte nicht unvorbereitet in das Atomthema hinein. In ihrer Zeit als Umweltministerin, zwischen 1994 und 1998, hat sie die westdeutsche Anti-Atom-Bewegung gründlich kennengelernt. Sie diskutierte damals am Bauzaun von Gorleben über das staatliche Gewaltmonopol, sie setzte die Castor-Transporte durch – und stoppte sie, als Berichte über undichte Behälter zur Gefahr für die Ministerin wurden. So viel wusste sie damals schon über politische Taktik. Im Hin und Her um die Castoren vollzog sie im Kleinen jene Kehrtwenden, die sie im Großen beim Atomausstieg wiederholen sollte.

Grundsätzliche Zweifel an der Beherrschbarkeit der Technik ließ sie als Ministerin nicht erkennen. Im Bergbau habe es mehr Tote gegeben als in der Kernenergie, pflegte sie zu sagen. Im Wendland wird der Satz kolportiert, mit dem Merkel Probleme im Umgang mit Atommüll kommentierte: »In jeder Küche kann beim Kuchenbacken mal etwas Backpulver danebengehen.« Und sie bezeichnete selbst die Plutoniumwirtschaft, die als gefährlichster Zweig der Atombranche gilt, als »beherrschbar«. Wie wichtig damals eigene Überzeugungen waren und welche Rolle politische Vorgaben des damaligen Bundeskanzlers Helmut Kohl spielten, lässt sich nicht mit Sicherheit klären. »Wir dachten erst, na ja, die plappert halt besonders stramm nach, was Parteilinie ist«, zitiert die Merkel-Biografin Evelyn Roll einen Gewährsmann aus dem Umfeld des damaligen niedersächsischen Ministerpräsidenten Gerhard Schröder. »Bis wir dann gemerkt haben: Meine Güte, da ist Überzeugung dahinter. Die Überzeugung der Naturwissenschaftlerin. Das kann richtig gefährlich werden.« Der Ministerin konnte damals gleichwohl nicht entgehen, wie tief die Ablehnung der Atomenergie in der alten Bundesrepublik reichte – auch wenn sie die langen Kämpfe um das Thema nicht von Anfang an selbst erlebt hatte.

Die Idee, die Kräfte des Atoms für den Fortschritt nutzbar zu machen, galt ursprünglich nicht als konservativ. Nirgends wurde diese Vorstellung hymnischer gefeiert als 1959 im Godesberger Programm der SPD: »Das ist die Hoffnung unserer Zeit, dass der Mensch im atomaren Zeitalter sein Leben erleichtern, von Sorgen befreien und Wohlstand für alle schaffen kann, wenn er seine täglich wachsende Macht über die Naturkräfte nur für friedliche Zwecke einsetzt.« Es waren die bodenständigen Bauern vom Kaiserstuhl, die im südbadischen Wyhl zum ersten Mal in der Geschichte der Bundesrepublik den Bau eines Atomkraftwerks verhinderten. Die SPD folgte erst, als sie 1982 aus der Bundesregierung ausschied.

Merkel hat in ihrer Zeit als Wissenschaftlerin in der DDR viel gelesen. Ob unter diesen Büchern auch Robert

Jungks *Atomstaat* war, der Klassiker der westdeutschen Protestbewegung aus dem Jahr 1977, ist nicht bekannt. Jungks Prognose, dass die Sicherheitsrisiken im Umgang mit dem Atom zu einem vollständigen Überwachungsstaat führen würden, sollte sich nicht bestätigen. Damals konnten die Polizeieinsätze, mit denen das Kraftwerksprojekt von Brokdorf oder später die geplante Wiederaufarbeitungsanlage in Wackersdorf gegen die Proteste verteidigt wurden, durchaus diesen Eindruck erwecken.

Im Verlauf der achtziger Jahre privatisierte sich die Atomskepsis. Sie bezog sich nun nicht mehr so sehr auf die Gefahren für die Gesellschaft oder für künftige Generationen als vielmehr auf die Gesundheitsrisiken für den Einzelnen. Das Reaktorunglück von Tschernobyl, um das im Westen naturgemäß sehr viel mehr Aufhebens gemacht wurde als in der DDR, trug 1986 viel dazu bei. Wer in dieser Zeit in der Bundesrepublik zur Schule ging, erinnert sich noch lebhaft an die Mahnungen, bei Ostwind die Fenster zu schließen und im Wald keine Pilze oder Blaubeeren mehr zu sammeln. Wenn man in einer Universitätsstadt wohnte und nach der sechsten Stunde in die Mensa ging, beobachtete man auf dem Speisezettel Erstaunliches: In den Näpfen aus gestanztem Blech fanden sich plötzlich so edle Spezialitäten wie Hirschbraten oder Rehrücken, weil sie aufgrund der Becquerel-Belastung auf dem freien Markt unverkäuflich waren. Das Studentenwerk griff zu günstigen Preisen zu.

Kinder durften in jener Zeit nicht mehr auf den Spielplatz, der Sand im Kasten galt als potenziell belastet. Was Angst machte, war vor allem der unsichtbare Charakter der Bedrohung. Ohne den Hintergrund von Tschernobyl lässt sich vermutlich auch nicht verstehen, was sich später bei der Einführung des Mobilfunks auf deutschen Dörfern abspielte: Aus Angst vor gleichfalls unsichtbarem Elektrosmog protestierten die Anwohner energisch und ausdauernd gegen die Errichtung von Sendemasten – auch wenn dies eine Bewegung war, von der man in den großen Städten fast nichts mitbekam.

Eine deutsche Besonderheit, wie Merkel offenbar glaubt, ist die Atomskepsis allerdings nicht. Zwar werden derzeit weltweit mehr Atomkraftwerke neu gebaut als stillgelegt. Aber die Österreicher entschieden sich 1978 per Volksabstimmung, ihren fertiggestellten Meiler in Zwentendorf nicht in Betrieb zu nehmen. Acht Jahre später führte in Italien ein Referendum zur Abschaltung der vier bestehenden Kraftwerke bis zum Jahr 1990. Das Land hat damit als einziges auf der Welt bereits in Betrieb befindliche Kraftwerke wieder vollständig abgeschaltet. Nach der Jahrtausendwende folgten weitere Staaten: Belgien beschloss 2003 den Ausstieg bis 2026, Spanien 2006 die Stilllegung der Kraftwerke bis 2024, die Schweiz 2011 das Auslaufen der Atomenergie bis 2033. Überall war die Diskussion von einem steten Hin und Her zwischen verlängerten und verkürzten Laufzeiten geprägt, ähnlich wie in Deutschland und je nach Farbe der aktuellen Regierung. Vollständig zurückgenommen wurden die Ausstiegsbeschlüsse nirgendwo. Das Unglück von Fukushima hat auch in stark atomabhängigen Ländern wie Frankreich oder eben Japan zumindest zu einer neuen Debatte über die Risiken der Technologie geführt.

Merkel hatte die ökologische Sehnsucht der Deutschen lange mit ihrer Klimapolitik bedient, das kam ihrem naturwissenschaftlichen Naturell entgegen: So berechenbar ihr die zivile Nutzung der Atomenergie zu sein schien, so wenig konnte sie über den Zusammenhang von Kohlendioxid-Ausstoß und Erderwärmung hinwegsehen. Das Thema hatte darüber hinaus den Vorteil, dass internationale Abmachungen über den Ausstoß von Treibhausgasen keine unmittelbaren Einschnitte für die inländische Wählerschaft nach sich zogen. Außerdem konnte die Kanzlerin mit den Klima-Beschlüssen des G-8-Gipfels von Heiligendamm anderthalb Jahre nach ihrem Amtsantritt einen großen Erfolg auf internationalem Parkett feiern, aufbauend auf eigenen Erfahrungen, die sie als Umweltministerin auf Gipfeltreffen gesammelt hatte.

Die Lust auf das Thema verlor sie am 18. Dezember 2009. An dem trüben und eiskalten skandinavischen Wintertag scheiterte in dem Betonklotz eines Kopenhagener Tagungszentrums die Klimakonferenz der Vereinten Nationen. Tags zuvor war Merkel höchst persönlich in der Hoffnung angereist, sie könne sich abermals als Retterin des Weltklimas profilieren. Aber am Ende hatten die Europäer dort nichts mehr zu melden. Der chinesische Premierminister Wen Jiabao bemühte sich gar nicht erst in die Tagungshallen, er hielt in seinem Hotel Hof und ließ sich zu keinen Zugeständnissen bewegen. Schließlich erschien der amerikanische Präsident Barack Obama eigenmächtig bei den großen Schwellenländern und handelte mit den Chinesen einen Minimalkonsens aus, der weit hinter den europäischen Wünschen zurückblieb. Seitdem hat die deutsche Kanzlerin nicht mehr viel über den globalen Klimaschutz geredet. Sie findet, dass sich die Deutschen bei dem Thema Illusionen machen, was die globale Diskussionslage betrifft.

Die Verlängerung der Atomlaufzeiten, die Angela Merkel im Sommer 2010 auf den Weg brachte, muss man auch im Zusammenhang mit der Desillusionierung von Kopenhagen sehen. Trotzdem stellten sich danach zwei Fragen: Wie würde sie den Ruf der Atomkanzlerin los, wenn er für sie nicht mehr opportun wäre? Und vor allem: Was würde sie tun, sollte es irgendwo auf der Welt zu einem neuen Atomunfall kommen, zu einem zweiten Tschernobyl?

Die Antwort ließ weniger lange auf sich warten, als jeder Zweifler gedacht hätte. Am Nachmittag des 11. März 2011, also nur ein halbes Jahr nach dem »Atomgipfel« im Kanzleramt, löste ein Erdbeben an der japanischen Küste einen Tsunami aus, der das Atomkraftwerk Fukushima beschädigte und vier von sechs Reaktorblöcken außer Kontrolle brachte. »Das war's«, soll Merkel noch an jenem Freitag im kleinen Kreis über die Zukunftsaussichten der Atomkraft in Deutschland geäußert haben. Auch die beiden Ministerpräsidenten, die im Vorjahr so vehement längere Laufzeiten verlangt hatten, drängten die Kanzlerin nun zum Handeln: Stefan Mappus, dem nur noch zwei Wochen bis zur Landtagswahl blieben, und Horst Seehofer, der sich auf neue Stimmungslagen stets einzustellen weiß.

Schon am folgenden Montag verkündete die Regierung ihren Beschluss, alle deutschen Kernkraftwerke auf ihre Sicherheit zu überprüfen und die ältesten Reaktoren sofort stillzulegen – für drei Monate, wie es zunächst hieß. In der Zwischenzeit sollte eine »Ethikkommission für eine sichere Energieversorgung« unter dem Vorsitz des früheren Bundesumweltministers Klaus Töpfer Vorschläge für das weitere Vorgehen machen. Dass Wirtschaftsminister Rainer Brüderle (FDP) auf einem Treffen mit Industrievertretern andeutete, das Moratorium sei lediglich mit Blick auf die Landtagswahlkämpfe erlassen worden, wirkte nicht im Sinne seiner Position: Sollte irgendjemand in der Regierung den Hintergedanken gehabt haben, den Teilausstieg wieder rückgängig zu machen, war dieser Weg nun abgeschnitten. So kam die Töpfer-Kommission zu dem politisch erwarteten Ergebnis. Schon am 6. Juni beschloss das Bundeskabinett nicht nur die Rücknahme der Laufzeitverlängerung, sondern einen schnelleren Ausstieg aus der Atomkraft als zuvor unter Rot-Grün geplant – verbunden mit dem Konzept einer umfassenden »Energiewende«. Als Bundestagspräsident Norbert Lammert am 9. Juni die Parlamentssitzung eröffnete, verlas er eine schier endlose Liste der zu ändernden Gesetze.

Es wird oft gesagt, Merkel habe ihre Kehrtwendung in der Atomfrage nie begründet. In dieser Form stimmt das nicht. Ob man ihr die angegebenen Gründe abnimmt oder nicht, in ihrer Regierungserklärung an jenem Donnerstagvormittag ging sie ausführlich auf die Frage ein. »Die dramatischen Ereignisse in Japan«, erklärte sie, »waren ein Einschnitt auch für mich ganz persönlich.« Sie habe »zur Kenntnis nehmen müssen, dass selbst in einem Hochtechnologieland wie Japan die Risiken der Kernenergie nicht sicher beherrscht werden können«. Deshalb habe sie eine neue Bewertung vorgenommen: »Das Restrisiko der Kernenergie kann nur der akzeptieren, der überzeugt ist, dass es nach menschlichem Ermessen nicht eintritt. Wenn es aber eintritt, dann sind die Folgen sowohl in räumlicher als auch in zeitlicher Dimension so verheerend, dass sie die Risiken aller anderen Energieträger bei weitem übertreffen.« Dabei gehe es ausdrücklich nicht um die Frage, ob ein Erdbeben oder eine Sturmflut japanischen Ausmaßes in Deutschland möglich sei.

Es war ähnlich wie mit Merkels späteren Wendungen in der Euro-Politik: Gegen die neue Position konnte die Opposition wenig einwenden, weil die Kanzlerin fast wörtlich deren Position übernahm. Am 30. Juni 2011 beschloss der Bundestag den Atomausstieg, mit Ausnahme der Linken stimmten alle Fraktionen zu. Aus dem Regierungslager votierten nur sieben Abgeordnete mit Nein, von der SPD zwei, von den Grünen niemand. Die Partei, die als erste für das Ende der Kernenergie in Deutschland eingetreten war, hatte sich auf einem Sonderparteitag in einer leidenschaftlichen Debatte zu der souveränen Entscheidung durchgerungen: Sie blieb der eigenen Position treu, auch wenn sie jetzt von einer christdemokratischen Kanzlerin vertreten wurde. Die Grünen bekannten sich damit zu dem gesellschaftlichen Sieg, den sie nach drei Jahrzehnten errungen hatten.

Erstaunlicherweise blieb an der Kanzlerin wenig hängen. Dass sie von einer breiteren Öffentlichkeit weder für die Verlängerung der Atomlaufzeiten noch für die fatale Personalauswahl in Baden-Württemberg zur Rechenschaft gezogen wurde, hatte sie zu wesentlichen Teilen der Katastrophe von Fukushima zu verdanken. Der »Herbst der Entscheidungen«, zu dem Merkel das zweite Halbjahr 2010 stilisierte, hatte seinen taktischen Zweck erfüllt. Die Nachrichten aus Japan boten nun die Gelegenheit zu einer Rückkehr in den gesellschaftlichen Mainstream, der ohne einen solchen Anlass schwierig geworden wäre. Der traurige Ministerpräsident Stefan Mappus, den Merkel selbst ins Amt gebracht hatte, galt nun als ein weiterer lebender Beweis, dass die CDU mit betont konservativen Positionen selbst in Baden-Württemberg keine Wahlen mehr gewinnen könne, dass also die Erneuerung der CDU, für die Merkel einmal stand, ohne vernünftige Alternative sei.

Natürlich setzten auch bei der Energiewende, wie bei allen Großreformen in der Politik, rasch die Friktionen ein. Die große Überraschung bestand darin, dass Merkels Wende den Ausbau der erneuerbaren Energien schneller als erwartet in Gang brachte, die Preise an der Strombörse sanken – und das Förderprogramm für die Sonnenenergie, das den Erzeugern feste Abnahmepreise garantierte, deshalb immer teurer wurde. Einen Höhepunkt erreichte die Aufregung im Herbst 2012, als bekannt wurde, dass die Stromkosten für den Durchschnittshaushalt dadurch um rund fünf Euro pro Monat steigen würden.

Merkel zeigte sich vom Anstieg der Ökostrom-Umlage selbst überrascht. Aber zugleich erschienen ihr die Deutschen einmal mehr wie unmündige Kinder: Jetzt hatten sie den Atomausstieg bekommen und damit ihren Willen, und nun war es ihnen wieder nicht recht – aufgrund der Konsequenzen, die doch ganz zwangsläufig und offensichtlich damit verbunden waren. Merkel klingt in solchen

Situationen wie eine Mutter, die ihrem quengelnden Kind nachgegeben und ihm endlich ein großes Eis gekauft hat. Nun muss sie sich anhören, dass der Appetit doch größer war als der Hunger und dass dem Nachwuchs von der Kalorienbombe übel ist.

KAPITEL 5:
IDENTITÄTEN

Zum neunzigsten Jahrestag des Frauenwahlrechts hat Angela Merkel ins »Amphitheater« des Kanzleramts geladen, auf die große überdachte Treppe mit Blick hinaus in Richtung Reichstagsgebäude. Seit mehr als drei Jahren ist sie nun die Hausherrin in der von Helmut Kohl sehr männlich dimensionierten Regierungszentrale. Am 26. Januar 2009 stehen fast ausschließlich Frauen auf der Gästeliste. Die Ministerinnen von Union und SPD sitzen in der ersten Reihe, auch das frühere FDP-Mitglied Hildegard Hamm-Brücher und die »Emma«-Herausgeberin Alice Schwarzer. Schwarzer hat zu diesem Anlass einen kleinen Sammelband herausgegeben: »Damenwahl. Vom Kampf um das Frauenwahlrecht zur ersten Kanzlerin«. Mit Merkel rundet sich also, was 1919 begann, so lautet die Botschaft.

Die Kanzlerin hat zu diesem Zeitpunkt gerade erst damit begonnen, ihre Rolle als Frau in der Politik herauszustellen. Mit gespielter Arglosigkeit hatte sie kurz zuvor in einem Zeitungsgespräch mit der jungen ostdeutschen Autorin Jana Hensel erklärt: »Ich glaube, dass ich, je länger ich in der Politik bin, mein Frausein sogar offener thematisiere.« Gelernt hatte sie vielleicht auch aus dem Vorwahlkampf in den Vereinigten Staaten, als Hillary Clinton ihrem Konkurrenten Barack Obama unterlegen war. »Hillary Clinton hat auf eine traditionelle Art versucht, Wahlkampf zu machen«, sagte Hensel in dem Gespräch. »Dabei hat sie ihr Frausein kaum thematisiert. Das ist nicht mehr zeitgemäß. Barack Obama jedoch hat auf eine neue Art versucht, als Schwarzer Politik zu machen, und er hat es geschafft, seine Rolle zu verwandeln.«

Neu war auch, dass Merkel immer offener mit ihrer Identität als Ostdeutsche umging. »Es wird immer Dinge geben, die mich an den Osten, an mein Zuhause in der Uckermark erinnern«, sagte sie ungefähr zur gleichen Zeit der Zeitschrift *Cicero* und schob hinterher: »Wenn ich durch die alten Bundesländer reise, sehe ich viele Stadthallen, Schulen, Verwaltungsgebäude aus den Sechziger- und Siebzigerjahren, wohingegen im Osten vieles neu ist.« Der Satz sorgte im Osten für große Aufregung. In Wahrheit war er ein Affront gegen allzu selbstgewisse Westdeutsche, denen die Politikerin aus Templin generös Aufbauhilfe anbot. Dreieinhalb Jahre später antwortete Merkel im Magazin der *Süddeutschen Zeitung* auf Fragen von Prominenten. Es ging unter anderem um den »größten Mist«, den sie als Jugendliche gebaut habe: »Mit einem neuen Trainingsanzug aus einem Westpaket in eine harzige Baumhöhle zu kriechen.« In dem Satz ist alles versammelt, die putzige Angela, wie sie die Deutschen lieben, eine karge Kindheit, wie sie Spitzenpolitikern zum Vorteil gereicht, Merkels Bodenständigkeit. Und vor allem: sehr viel Osten.

Bis zur Bundestagswahl 2005 hatte es Merkel umgekehrt gemacht. Sie sprach nicht über Frauenthemen, mied alles Ostdeutsche, suchte sich an die westdeutschen Männer in den eigenen Reihen anzupassen. Das Ergebnis war, dass die Kandidatin Merkel von weniger Frauen gewählt wurde als drei Jahre zuvor der Kandidat Edmund Stoiber. Bei jüngeren Frauen in Ostdeutschland kam sie gerade einmal auf 20 Prozent der Stimmen. Mit ihrer Verdrucksheit hatte Merkel die Frauen enttäuscht, ohne im Gegenzug die Männer zu gewinnen.

Von der Zustimmung der Regionalkonferenzen getragen, hatte sie nach der Spendenaffäre als Hoffnungsträgerin den Parteivorsitz übernommen. Das Fremdeln mit der Frau aus dem Osten setzte jedoch bald wieder ein, vor allem bei den einflussreichen Männern, die sie als Vorsitzende des Übergangs betrachteten. Je stärker das Pendel zurückschlug, desto mehr führte sich die Physikerin auf, als zählte sie selbst zu den konservativen Juristen aus dem Westen. Die angekündigte Erneuerung der Partei forcierte sie vorerst nicht, stattdessen suchte sie die größtmögliche Konfrontation mit der rot-grünen Bundesregierung und zog mit dem Ruf nach Bundeswehreinsätzen im Inland kühl kalkulierend an allen rechts vorbei. Das verschaffte ihr bei den Gegnern nur bedingt Kredit. Aus den konservativen Bastionen im Süden schallte die Kritik lauter denn je. Prompt thematisierte die *Bild*-Zeitung mit vergifteter Fürsorge das Frauenthema: »Machen die Männer Angela Merkel kaputt?«

Es schien, als würde es der CDU-Vorsitzenden ergehen wie dem rothaarigen Titus Feuerfuchs in Johann

Nestroys Wiener Posse *Der Talisman*. In einer Gesellschaft, die Rothaarige diskriminiert, stülpt sich Nestroys Held eine schwarze Perücke über wie Angela Merkel ihre ultrakonservativen Positionen. Und siehe da: Jener Titus Feuerfuchs, dem bislang niemand etwas zutraut, macht plötzlich Karriere – bis jemand auftaucht, der den Schwarzhaarigen noch aus der Zeit des roten Kopfschmucks kennt und Titus selbst einmal versehentlich eine blonde Perücke aufsetzt. Es kommt, wie es kommen muss: Die Tarnung fliegt auf. »Das stolze Gebäude meiner Hoffnungen«, stellt er ernüchtert fest, »ist assekuranzlos abgebrannt.« In seiner Lage, analysierte der Dramaturg Hermann Beil anlässlich einer Wiener Nestroy-Aufführung, müsse Titus »von Situation zu Situation unangenehmere Eigenschaften produzieren, um über die Runden zu kommen«.

Merkel wechselte so oft wie weiland Titus Feuerfuchs ihre Perücken. Als sie auf dem Stuhl der Parteivorsitzenden angekommen war, hofften manche in der CDU, das Stück mit Angela Merkel in der Hauptrolle sei damit schon zu Ende. Nicht nur bei Nestroy fing es aber mit der Enttarnung erst richtig an. »Ja, ich bin rot«: Dieser Ausruf wird für Titus Feuerfuchs zum Akt der Befreiung, ganz ähnlich wie der Halbsatz »… und das ist auch gut so«, mit dem der designierte Berliner Bürgermeister Klaus Wowereit 2001 Berühmtheit erlangte. Für den Nestroy-Helden ist das Bekenntnis zu den roten Haaren der Beginn des wahren Glücks. Die Frage, wie es ein Rotschopf so weit bringen kann, erklärt er den erstaunten Mitmenschen ganz selbstbewusst: »Wirklichkeit ist immer das schönste Zeugnis für die Möglichkeit.« Es ist ein Satz, der als Motto über Merkels Parteikarriere stehen könnte. »Merkel bleibt Merkel, mit allen Risiken und Nebenwirkungen«: Mit dem feuerköpfigen Bekennermut des Nestroy-Helden war sie im Herbst 2000, ein halbes Jahr nach ihrer Wahl zur CDU-Chefin, vor die Delegierten der bayerischen Schwesterpartei getreten. Schon bei Nestroy brachten gerade die ärgsten Rothaar-Hasser den armen Titus Feuerfuchs in eine Lage, die ihn zum befreienden Bekenntnis zwang.

Auch Merkels Vorgänger Gerhard Schröder war in der Partei ein Außenseiter, der sich an den Gremien vorbei auf plebiszitärem Weg nach oben boxte. Aber er bediente ein Rollenbild, das vorgegeben war. Bei Merkel dagegen stellten sich neue Fragen: Konnte eine Frau die Auto-Kanzlerin geben, in jenem Milieu, wo sich die Luft aus Auspuffgasen und Testosterondunst mischt? Wie würde sie sich auf den Tribünen des Männer-Volkssports Fußball machen? Was sollte sie als Regierungschefin überhaupt anziehen, und wie war das mit der Frisur? Es dauerte ziemlich lange, bis solche Fragen verstummten. Und die Geschlechtsgenossinnen waren ihr oft keine Hilfe. Einige der wütendsten und persönlichsten Angriffe gegen Merkel stammten von Frauen. Dass ihre unmittelbaren Konkurrenten, lauter Männer, sie nicht mochten, war hingegen aus Wettbewerbsgründen verständlich. Aber in welchem Maße sie die Gegnerin unterschätzten, das war nur mit der Annahme zu erklären, eine Frau und dazu eine Ostdeutsche werde sich sowieso nicht durchsetzen können.

Solange Merkels Position in der Partei nicht konsolidiert war, hatte sie kaum eine Alternative zur Strategie der Überkompensation. Die Vorstellung, als Frau müsse sie im Berufsleben grundsätzlich anders auftreten als ein Mann, war der gelernten DDR-Bürgerin ohnehin fremd. »Frau Merkel«, eröffneten zwei Männer vom *Spiegel* Anfang 2002 ein Gespräch mit ihr, »Alice Schwarzer sieht Sie als Paradebeispiel für die Misere der Frauen in Führungspositionen: trotz demonstrativer Weiblichkeit nur halbe Frau, trotz erkämpfter Männlichkeit nur halber Mann.« Statt die beiden Herren gleich wieder hinauszuwerfen, antwortete Merkel knapp: »Ich bin da optimistischer.« Dann folgte eine kurze rhetorische Reverenz an die westdeutsche Frauenbewegung der Siebziger- und Achtzigerjahre, die sie sogleich relativierte: »Spitzenpositionen werden in Zukunft nicht mehr nur im Wettstreit Frauen gegen Männer besetzt, sondern viel stärker über Interessenstrukturen.« Zu diesem Zeitpunkt konnten die Interviewer noch nicht ahnen, dass sie in Schwarzer eine spätere Unterstützerin der CDU-Vorsitzenden zitierten.

Der Weg zur politischen Normalität im Umgang mit der ersten weiblichen Vorsitzenden einer Volkspartei war jedoch weiter, als Merkel in diesem Interview unterstellt hatte. Schon in der alten Bundesrepublik hatte sich das linksliberale Milieu gern der Wunschvorstellung hingegeben, an der Speerspitze des globalen Fortschritts zu marschieren – weshalb man Kohl als politischem Exponenten des Landes persönlich übel nahm, dass er diesem Selbstbild nicht entsprach. Spätestens mit dem Amtsantritt der rot-grünen Bundesregierung schien das Land nun gesellschaftspolitisch mit sich im Reinen zu sein. Die These des Historikers Heinrich August Winkler aus dem Jahr 2000, Deutschland sei auf seinem »langen Weg nach Westen«

nun endlich in Einheit und Freiheit angekommen, traf damals den Ton der Zeit, und politisch entsprach sie den Tatsachen. Nur verleitete diese Zeitstimmung das Land, sich insgesamt für moderner zu halten, als es tatsächlich war.

Frauen an der Spitze der Regierung sind bis heute im weltweiten Maßstab kein alltägliches Phänomen. Doch früher als in Deutschland kamen in Indien, Israel, Großbritannien, Portugal, Norwegen oder Frankreich Ministerpräsidentinnen an die Macht, selbst im erzkatholischen Polen oder im muslimischen Pakistan. Hierzulande war in der Zeit vor Merkel das Amt der Parlamentspräsidentin die höchste Aufgabe, die einer Frau zugedacht wurde, ähnlich wie in Italien, dem gesellschaftspolitisch wohl konservativsten unter den westeuropäischen Ländern.

Bezeichnenderweise ist in Italien und Deutschland auch die Geburtenrate am niedrigsten. Nach einem plausiblen Erklärungsansatz liegt das an einem Mutterbild, das die Anforderungen an die Elternschaft derart überhöht, dass sich keine Frau (und erst recht kein Mann) der Erziehungsaufgabe gewachsen sieht. Entweder wird »La Mamma« auf ein ehrfurchtgebietendes Podest gestellt oder das Gegenbild der »Rabenmutter« an die Wand gemalt. Anders ist das in Frankreich, wo auch die Frauen aus der Mittelschicht schon lange arbeiten gehen, eine professionelle Kinderbetreuung außerhalb der eigenen vier Wände keinen schlechten Ruf hat und deutlich mehr Kinder geboren werden. In anderen europäischen Ländern sorgt das deutsche Frauenbild bisweilen für Irritationen. Als zum Beispiel der spanische Ministerpräsident Zapatero die Hälfte der Posten in seinem Kabinett mit Frauen besetzte und eine deutsche Zeitung von »Zapateros Modepüppchen« sprach, löste das auf der iberischen Halbinsel einen Sturm der Entrüstung aus.

Die Unsicherheit, wie mit einer Frau in Spitzenämtern umzugehen sei, war in Deutschland besonders groß. Das galt nicht nur für das gesamte Parteienspektrum, sondern auch für alle Beteiligten des Betriebs, ob es sich nun um Politiker handelte, um Journalisten oder um Wähler. Bezeichnenderweise verfielen die männlichen Parteigenossen der CDU-Vorsitzenden auf den Begriff »Mutti«, um den Führungsstil Merkels zu charakterisieren. Das mochte zwar als Herabwürdigung gemeint gewesen sein, am Ende erwies es sich jedoch als eine Art prophetischer Selbstentlarvung. Dass Merkel die einzige wirklich Erwachsene sei, die ohne pubertäres Gehabe das Naheliegende und Vernünftige in die Hand nehme: Dieses Bild setzte sich immer mehr durch, erst auf die Unionsparteien bezogen, dann auf die deutsche Innenpolitik und schließlich auf ganz Europa. Es steht zu befürchten, dass sich Merkel dieses einst aufgezwungene Fremdbild bei aller zur Schau gestellten Bescheidenheit allmählich als Selbstbild zu eigen macht.

Mit Merkels Einzug ins Kanzleramt änderte sich im Herbst 2005 auf einen Schlag die Perspektive. Bis zum Wahltag hatte die Oppositionsführerin männliche Härte unter Beweis zu stellen. Mehr noch als der bräsige Kohl galt der markige Schröder gerade auch in konservativen Kreisen habituell als Musterbild eines durchsetzungsstarken Regierungschefs. Noch im Jahr 2004 hatte der gescheiterte Kanzlerkandidat Edmund Stoiber die CDU-Vorsitzende und ihren designierten Koalitionspartner Guido Westerwelle als »Leichtmatrosen« bezeichnet, die Schröder und seinem Vizekanzler Joschka Fischer nicht das Wasser reichen könnten. Damit meinte er nicht in erster Linie Merkels sozialpolitische Reformkonzepte und Westerwelles Wünsche nach Steuersenkungen, er spielte vielmehr auf die Frau und den Schwulen an. Schröder und Fischer machten es nicht anders: Wenn sich Merkel am Rednerpult des Bundestags an ihnen abarbeitete, saßen sie oft schenkelklopfend da. Bei Teilen des Publikums kam das gut an. Es gibt Hinweise, dass im Wahlkampf 2005 der Stimmungsumschwung zu Lasten der Unionsparteien keineswegs allein durch das Kirchhof-Debakel und die Angst vor sozialer Kälte verursacht wurde – sondern dass ein beträchtlicher Teil auch der weiblichen Wählerschaft im letzten Moment Zweifel bekam, ob eine Frau das Land wirklich führen könne.

Mit dem Einzug ins Kanzleramt änderte sich das. Die Aura der Macht hat der Kanzler oder die Kanzlerin ohnehin für sich, unabhängig vom Geschlecht. Er muss sie nicht mehr inszenieren. Bei Merkel kam hinzu, dass sie sich nach dem bescheidenen Wahlergebnis gegen beträchtliche Widerstände durchsetzte, gleich in den ersten Amtswochen ein schwieriges europäisches Gipfeltreffen bravourös zum Erfolg führte und auf dem internationalen Parkett eine souveränere Figur machte als von vielen vermutet. Auf einmal galt der Macho Schröder, der durch seine überstürzte Neuwahl-Entscheidung seiner Partei die Macht geraubt hatte und am Wahlabend in der *Berliner*

Runde einem hormongesättigten Auftritt hinlegte, nicht mehr als das große Vorbild. Ganz im Gegenteil freuten sich nun auch SPD-Ministerinnen über den verbindlichen Ton, den Merkel als Ausweis eines vermeintlich weiblichen Führungsstils an den Tag legte. »Frau Merkel moderiert das Kabinett anders als Herr Schröder«, lobte die sozialdemokratische Justizministerin Brigitte Zypries bei der Feier des Frauenwahlrechts im Kanzleramt – um vorsichtshalber gleich hinterherzuschieben: »Aber Herr Steinmeier würde das Kabinett genauso moderieren wie Frau Merkel auch, weil sie von der Struktur her ähnlich sind.«

Der strukturell ähnliche Herr Steinmeier fuhr im Jahr 2009 das schlechteste SPD-Wahlergebnis in der Geschichte der Bundesrepublik ein. Deshalb suchte die Sozialdemokratie vier Jahre später einen Kandidaten, der sich von Merkels tastendem Regierungsstil durch Klartext unterschied. Sie fand ihn in Peer Steinbrück, der als Finanzminister professionell mit der Kanzlerin zusammengearbeitet hatte, sich aber als Herausforderer bisweilen in die Vokabeln eines überholten Geschlechterkampfs verstrickte. Schon sechs Wochen bevor er zu Silvester 2012 über Merkels »Frauenbonus« lamentierte, hatte er ähnliche Töne angeschlagen, als ihn die Fernsehmoderatorin Anne Will für eine Sonderausgabe der *taz* zur Frauenquote interviewte. »Dass Frau Merkel als erste weibliche Chefin im Kanzleramt einen Bonus hat, auch bei weiblichen Wählern, das kann ich mir vorstellen«, erklärte er dort ganz sachlich. Als sein Pressesprecher Torsten Albig 2009 gegen die Kieler CDU-Oberbürgermeisterin kandidierte, schrieb Steinbrück per SMS: »Toll, wir hauen Püppi aus den

Pumps!« Auf die Frage, ob er sich bei der früheren Amtsinhaberin entschuldigt habe, sagte Steinbrück in dem Interview lediglich: »Warum!?«

Steinbrücks Wort vom »Frauenbonus« war auch das Eingeständnis, dass die SPD immer wieder mit dem Versuch gescheitert ist, Merkel einen Frauenmalus anzuhängen. So war der Kandidat Frank-Walter Steinmeier im Vorwahlkampf des Jahres 2009 nach Rüsselsheim gereist, um im Schröder-Sound den Arbeitern des kriselnden Autobauers Opel seine Solidarität zu bekunden. Es gibt in der deutschen Politik kaum eine männlichere Figur als den Regierungschef, der sich in Hemdsärmeln unter die Arbeiter begibt und die Dinge anpackt. Das gilt umso mehr, wenn es ums Auto geht, den Inbegriff aller Männerträume, und wenn dazu Arbeiter auftreten, mit Schweiß, Schwielen und Schnäuzer. Auf dieser Klaviatur spielten Merkels Rivalen, nicht nur Steinmeier und seine Sozialdemokraten, sondern auch die CDU-Ministerpräsidenten.

Vollzog sich mit dem Einzug der ersten Frau ins Kanzleramt eine Art nachholende Modernisierung des Landes, so sah sie sich als Ostdeutsche im Vergleich zur trägen Masse der Westdeutschen geradezu in einer Avantgarde-Rolle. »Wer hätte gedacht, dass das höchste Regierungsamt schon in diesem Jahr einer Frau übertragen wird? Das alles ist für viele von uns eine Überraschung und ich sage: manches davon auch für mich«, bekannte sie in ihrer ersten Regierungserklärung im November 2005. »Aber es ist nicht die größte Überraschung meines Lebens. Die größte Überraschung meines Lebens ist die Freiheit. Mit vielem habe ich gerechnet, aber nicht mit dem Geschenk der Freiheit vor meinem Rentenalter.« Als Schlussfolgerung für die Zukunft fügte sie hinzu: »Wenn Sie schon einmal im Leben so positiv überrascht wurden, dann halten Sie vieles für möglich.« Diesen Möglichkeitssinn, das war die Botschaft, hatte sie ihren Landsleuten aus der alten Bundesrepublik voraus.

Ihre DDR-Vergangenheit hob Merkel auch heraus, als sie am 3. Oktober 2006 in Kiel zum ersten Mal in der Funktion der Regierungschefin die Rede zum Tag der Deutschen Einheit hielt. Sie berichtete von einem Buchgeschenk ihres Adlershofer Zimmergenossen Michael Schindhelm im Wendeherbst 1989. »Gehe ins Offene!«, habe er ihr als Widmung hineingeschrieben. »Das war mit das Schönste, was man mir zu dieser Zeit sagen konnte.« Aus der Physikerin Merkel war in jenen Tagen erst die Pressesprecherin des Demokratischen Aufbruchs geworden, dann die stellvertretende Regierungssprecherin der letzten DDR-Regierung, schließlich eine Ministerin im ersten gesamtdeutschen Kabinett Helmut Kohls. Ihr einstiger Kollege Schindhelm, der zu jener Zeit als Übersetzer in Nordhausen lebte, begann am dortigen Theater eine Karriere als Intendant und Kulturmanager, die ihn über Gera, Basel und Berlin bis nach Dubai führte.

Von diesem »Gang ins Offene« sagte Merkel in ihrer Kieler Rede: »Das war die Haltung, mit der wir, Ost- und Westdeutsche, in den Umbruch jener Zeit gegangen sind.« In Bezug auf die große Mehrheit der Westdeutschen war das stark übertrieben. Natürlich gab es die »Wossis«, die sich mit Begeisterung auf das Neue stürzten und bei Heimatbesuchen in Tübingen oder Düsseldorf staunten, dass sich dort überhaupt nichts veränderte. Merkels Vertrauter und späterer Verteidigungsminister Thomas de Maizière, der heute in Dresden lebt, zählte zu diesen Pionieren der ersten Stunde, aber auch zahlreiche Professoren, Verwaltungsbeamte oder Unternehmer. Gelegentlich mussten sie sich vorwerfen lassen, sie besäßen für eine Karriere in den älteren Bundesländern gar nicht die nötige Qualifikation. Das behaupteten vorzugsweise jene Landsleute in Ost wie West, denen die Lust aufs Neue abging.

Einiges spricht für die These des Journalisten Toralf Staud, die Ostdeutschen seien nach ihrem Beitritt zur Bundesrepublik zunächst so etwas wie Einwanderer im eigenen Land gewesen. »Liest man sich als Ostdeutscher durch die wissenschaftliche Migrationsliteratur, ist die Verblüffung groß«, schrieb Staud 2003. »Vieles klingt, als ginge es um deutsch-deutsche Befindlichkeiten.« Typisch sei die Auseinandersetzung zwischen einem Aufnahmeland, das Assimilation einfordere, und Immigranten, die sich höchstens integrieren wollten – verbunden mit einem Rückfall, einer verspäteten Sehnsucht nach der alten Heimat, die im deutsch-deutschen Fall als »Ostalgie-Welle« die Ostdeutschen erfasste.

Ein solcher Einwanderungsschub hinterlässt Spuren im Aufnahmeland. Durch die Integration von 17 Millionen Ostdeutschen hat sich auch die Bundesrepublik verändert, aber auf andere Weise, als man zunächst hoffte oder befürchtete. Das beginnt schon mit der Sprache. Eine Wendung wie »Fakt ist«, die zunächst in westlichen Ohren sehr ungewohnt klang, hat sich längst in ganz Deutschland durchgesetzt. Leider gilt das auch für den intransitiven Gebrauch des Verbs »einschätzen«, der früher dem Ministerium für Staatssicherheit vorbehalten war: »Es wird eingeschätzt, dass ...« Das Phänomen setzt sich in den Umgangsformen fort, auch in Westdeutschland geben sich jüngere Leute zur Begrüßung jetzt wieder die Hand. Und was regional begrenzt als »Ostalgie« begann, hat sich zu einer gesamtdeutschen Retro-Welle ausgewachsen, die in ganz Europa zum Exportschlager wurde.

Darin drückte sich auch die stille Sehnsucht nach der vermeintlich heilen Welt des alten Westens aus, die nicht zuletzt von Leonid Breschnew und Erich Honecker mit Mauer und Stacheldraht vor den rauhen Stürmen der Globalisierung abgeschirmt wurde. Globalisierung, Beschleunigung, ökonomischer und kultureller Wandel forderten mit einiger Verspätung auch im Westen des Landes ihren Tribut, dort kamen nun ebenfalls alte Sicherheiten ins Wanken. Nach dem Bankencrash und in der Euro-Krise schien es nicht einmal mehr ausgeschlossen zu sein, dass das westliche Wirtschaftssystem mit einem Schlag implodieren würde wie zwei Jahrzehnte zuvor die östliche Planwirtschaft. Eine ostdeutsche Politikerin, die ihren Möglichkeitssinn bereits an einem selbst erlebten Systembruch schärfen konnte, ist für solche Zeiten womöglich besser gewappnet als viele westdeutsche Kollegen.

Auch die SPD verfiel nach der Ermattung ihres westdeutschen Personals im Herbst 2005 auf die Idee, einen Ostdeutschen zum Parteivorsitzenden zu machen. Ähnlich wie einst Merkel wurde der Brandenburger Matthias Platzeck, ein Diplomingenieur für Biologische Kybernetik, zum Hoffnungsträger in der Krise seiner Partei. Er gab freilich nach wenigen Monaten wieder auf, an diesem Punkt enden die Parallelen. Auch sollte man in beiden Fällen die naturwissenschaftliche Ausbildung nicht überbewerten, die zu DDR-Zeiten einen Schutz vor den ideologischen Ansprüchen des Staates bot. Was manche Beobachter in Merkels Politikstil als physikalische »Versuchsanordnung« beschreiben, lässt sich viel plausibler aus der neutralen Sicht einer Außenseiterin erklären, die bis heute die Selbstverständlichkeiten des westdeutschen Politikbetriebs nicht vollständig verinnerlicht hat. Würde Merkel aufhören, sich über manche Rituale ihrer Kollegen zu wundern, wäre das für sie vermutlich politisch gefährlich.

Eine Bürgerrechtlerin ist Merkel nicht gewesen, das hat sie auch nie behauptet. Auf den Untergang des ostdeutschen Staates blickt sie mit einer nüchternen Perspektive, die viele Landsleute teilen. Wenn sie darüber spricht, was ihr persönlich in der DDR am meisten fehlte, rückt sie nicht den Mangel an politischer Mitbestimmung in den Mittelpunkt. Am meisten habe sie gestört, dass man »in diesem Staat DDR nie seine Grenzen ausprobieren konnte«, sagt sie dann. Das sozialistische System sei gescheitert, weil es ein »Leben von der Substanz« betrieben habe, mit »Umweltverschmutzung, Städteverfall, Staatsverschuldung« – alles Punkte, die man heute unter dem Oberbegriff der Nachhaltigkeit zusammenfasst. Trotz solcher Bekenntnisse wuchs die Gesamtverschuldung der öffentlichen Haushalte in Deutschland während ihrer Amtszeit allerdings von 65 Prozent des Sozialprodukts im letzten Vor-Merkel-Jahr 2004 auf zuletzt rund 80 Prozent.

Die osteuropäische Perspektive prägt auch Merkels Blick auf die Euro-Krise. Sie versteht besser als manche Westeuropäer, dass sich postsozialistische Reformstaaten wie die Slowakei mit Bürgschaften für das vergleichsweise reiche Griechenland schwer tun. Mit einem gewissen Wohlwollen nimmt es Merkel auch zur Kenntnis, wenn Vertreter der Schwellenländer die vergleichsweise reichen Krisenländer in Europa bescheiden, sie sollten sich nicht so haben. Auf dem G-20-Gipfel im Sommer 2012 bemerkte der damalige mexikanische Präsident Felipe Calderón, in seinem Land sei man in wirtschaftlich schlechten Zeiten eben auf die Straße gegangen und habe Buletten verkauft. Eine solche Haltung ist nach Merkels Geschmack. Und schließlich werden die wirtschaftlichen Folgen der europäischen Währungsunion gerade einer Ostdeutschen vertraut vorkommen, die an den 1. Juli 1990 zurückdenkt. Von Griechenland bis Portugal sank die Wettbewerbsfähigkeit mit einer ähnlichen Geschwindigkeit, wie durch erleichterte Importe der Lebensstandard stieg. Sachsen und Mecklenburger mussten diesen Schock ebenfalls durchstehen, wurden allerdings von Schwaben und Rheinländern massiv unterstützt. Und es gab in beiden Fällen politische Motive, die womöglich aus gutem Grund die ökonomischen Einwände ausstachen.

Vermutlich rührt das meiste, was bei Merkel so etwas wie eine echte Überzeugung ist, aus einer Abwehrhaltung gegen DDR-Doktrinen her. Den hohen Stellenwert von Kapitalismus und Marktwirtschaft in Merkels Denken suchte der CDU-Politiker Heiner Geißler einmal mit der Bemerkung zu diskreditieren, sie habe zumindest am

Beginn ihrer Karriere eine »typisch Ossi-liberale Position« gehabt. »Typisch« war diese Haltung nur für einen Teil der früheren DDR-Bürger. Bis heute gehen die Positionen nicht nur bei diesem Thema im Osten erheblich weiter auseinander als im Westen: Neben bedingungslos Staatsgläubigen trifft man auf unbeschränkt Marktgläubige, während in Westdeutschland noch immer ein sehr breiter Mainstream die staatlich eingehegte Marktgesellschaft nach dem Muster der alten Bundesrepublik für vollkommen alternativlos hält. Ihm erscheint die Vorstellung, dieses System könne jemals untergehen, trotz aller Krisen noch immer als absurd.

Unmittelbar nach der politischen Wende von 1989/90 sollten sich die Deutschen aus Ost und West einer geläufigen Floskel zufolge »ihre Biografien erzählen«, um sich gegenseitig besser zu verstehen. Das hat sich schnell als Irrtum herausgestellt. Die Westdeutschen brauchten gar nicht viel zu berichten, weil die neuen Mitbürger mit ihrer Lebenswelt ohnehin recht vertraut waren. Die Ostdeutschen lernten hingegen bald die alte Tugend der Schweigsamkeit wieder schätzen, sofern sie sich bei ihren neuen Landsleuten keine Nachteile einhandeln wollten. Das galt erst recht für eine Frau wie Angela Merkel, die von der unbekannten DDR-Bürgerin sofort zur Bundesministerin aufstieg. Über ihre Abschlussarbeit im Pflichtfach Marxismus-Leninismus, über Zwänge und Freiräume im DDR-Wissenschaftsbetrieb sprach die CDU-Politikerin lieber nicht, wollte sie sich bei den Anhängern im Westen keine Sympathien verscherzen.

Zu solchen Fragen äußert sich allenfalls ihr Ehemann,

und auch das nur an einem entlegenen Ort wie der Zeitschrift der Alexander-von-Humboldt-Stiftung. Dort berichtete Joachim Sauer zum zehnjährigen Jubiläum der Wiedervereinigung, dass ihn der Parteisekretär an der Akademie der Wissenschaften anlässlich eines SED-Parteitags zu einem Beitrag für die Wandzeitung genötigt hatte. »Ich musste also etwas schreiben, was die Genossen hören wollten, und doch einen ›kleinen Hammer‹ einbauen, damit ich nicht gleich wieder gebeten würde«, sagte Sauer. »Jetzt stellen Sie sich vor, das Papier würde heute im *Spiegel* publiziert. Dann würde der ›kleine Hammer‹ vielleicht gar nicht wahrgenommen und stattdessen darin ein Bekenntnis zur Partei gesehen.« Die Debatte, die im Mai 2013 um Merkels Rolle als FDJ-Sekretärin aufflammte, sollte Sauers Einschätzung bestätigen. Diesmal verkniff sie sich ihren Hinweis aus dem Jahr 2004, »dass auch die Menschen im Westen jeden Tag Kompromisse machen müssen zwischen ihren Überzeugungen und dem, was der Alltag verlangt«.

Dabei redet sie eigentlich wieder ein wenig freizügiger über ihre Zeit in der DDR, seit sie als Bundeskanzlerin völlig unangefochten ist. Es sind interessante Gespräche, bei denen Westdeutsche einiges lernen können. Wenn Merkel nach Chile fliegt, dann denkt sie nicht nur an die von ihr so bewunderte ökonomische Dynamik und nicht nur an die liberale Wirtschaftspolitik des gerade amtierenden Präsidenten. Sie denkt auch daran, wie die DDR Anfang der siebziger Jahre mit dem sozialistischen Präsidenten Salvador Allende sympathisierte, der als zweites amerikanisches Staatsoberhaupt nach Fidel Castro diplomatische Beziehungen mit der DDR aufnahm. Merkel war gerade 19 Jahre alt, als General Augusto Pinochet die gewählte Regierung wegputschte und chilenische Exilanten an die Leipziger Universität kamen. Später musste die Christdemokratin Merkel mit Erstaunen feststellen, dass sich viele in ihrer Partei aus Distanz zu Allendes Politik dazu verleiten ließen, die Untaten des Pinochet-Regimes allzu lange zu beschönigen.

Über solche Fragen redet Merkel wohl dosiert und lieber nicht vor laufenden Kameras. »Ja, es ist ein großer Vorteil aus DDR-Zeiten, dass man gelernt hat zu schweigen. Das war eine der Überlebensstrategien«, sagte sie lange vor dem Einzug ins Kanzleramt zu ihrer Biografin Evelyn Roll. Sie fügte einen Halbsatz hinzu, der dem politischen System des Westens nicht das beste Zeugnis ausstellt: »Ist es ja noch.«

Aber nicht immer bevorzugte Merkel das Schweigen als Herrschaftsmittel. Manchmal hat sie sich aus strategischem Kalkül auch weit hervorgewagt, mit einer bemerkenswerten Angstfreiheit. Das galt, zumindest früher einmal, nirgends so sehr wie beim Thema Krieg.

KAPITEL 6:
KRIEG

Für die finale Provokation wählte Angela Merkel wieder einmal das Medium eines Zeitungsartikels – und die internationale Bühne. In der *Washington Post* erschien am 20. Februar 2003 ein Namensartikel der CDU-Vorsitzenden, der die Überschrift trug: »Schröder Doesn't Speak for All Germans«. Es ging um den Irak-Krieg, das brüske Nein Gerhard Schröders hatte Merkel schon im Wahlkampf des Vorjahres kritisiert. Diesmal legte die Frau, die angeblich keine Überzeugungen hat, noch eins drauf. Sie orchestrierte mit dem Artikel ihren Besuch in den Vereinigten Staaten und setzte sich damit über das ungeschriebene Gesetz hinweg, dass eine Oppositionsführerin die Politik der eigenen Regierung vom Ausland aus nicht kritisiert.

Sie zeigte, dass sie sich durch Schröders Wahlsieg im Jahr zuvor nicht hatte einschüchtern lassen, den der Bundeskanzler nicht nur den Fluten von Elbe, Mulde und Wilder Weißeritz zu verdanken hatte, sondern auch dem Wahlkampfversprechen, eine militärische Intervention im Irak sei »mit uns nicht zu machen«. Vier Wochen vor Merkels USA-Reise hatte Schröder dem amerikanischen Präsidenten George W. Bush vom niedersächsischen Goslar aus die endgültige Haltung der Bundesregierung mitgeteilt. »Ich sag' das hier jetzt ein Stück weit weitergehend, als das, was ich in dieser Frage sonst formuliert habe: Rechnet nicht damit, dass Deutschland einer den Krieg legitimierenden Resolution zustimmen wird. – Rechnet nicht damit«, sagte er auf einer Kundgebung im Landtagswahlkampf.

Am 20. März 2003 überschritten amerikanische Soldaten von Kuwait aus die Grenze zum Irak. Wäre auch die Bundeswehr mit von der Partie gewesen, wenn Merkel zu jenem Zeitpunkt als Kanzlerin amtiert hätte – oder als Parteivorsitzende neben einem Regierungschef Edmund Stoiber? Ihre Äußerungen legen es nahe, diese Frage zu bejahen. Zwei Tage vor dem amerikanischen Einmarsch sagte Merkel in der ARD: »Wenn wir das Ultimatum unterstützen, dann impliziert das natürlich alle Folgen, die sich aus einem solchen Ultimatum ergeben.« Schon im Dezember hatte sie erklärt: »Sollte es zu einer von den UN legitimierten militärischen Aktion gegen den Irak kommen, dann wird sich Deutschland nicht aus der Verantwortung stehlen können.«

»Wenn«, »sollte«: Schon damals verstand sich die Kanzlerin auf das Vermeiden von Zitaten, die ihr bei veränderter politischer Lage schaden könnten. Ihre Einlassungen waren nicht anders zu verstehen, als dass die Deutschen mit den Amerikanern im Zweistromland einmarschieren würden, und es gab niemanden, der Angela Merkel anders interpretiert hätte – die eigenen, teils sehr skeptischen Parteikollegen eingeschlossen. Aber den einen, klaren Satz hat sie vermieden: Ja, der Irak-Krieg ist richtig, wir sollten unsere Bundeswehr nach Bagdad schicken. So konnte sie sich im Nachhinein darauf herausreden, bei einem geschlossenen westlichen Auftreten hätte der irakische Diktator gewiss klein beigegeben und den Amerikanern einen Krieg erspart. Das fiel ihr umso leichter, als die brüske Art und Weise des Umgangs mit den Amerikanern auch im rot-grünen Lager auf Missfallen gestoßen war. Der damalige Vizekanzler Joschka Fischer hatte sich schon auf dem Weg ins Außenamt ein tiefes Misstrauen gegen deutsche Sonderwege erarbeitet, er betrachtete im Gegensatz zum Bundeskanzler die Adenauersche Westbindung als unverrückbaren Bestandteil der deutschen Staatsräson.

Es war politisch klug, dass Merkel die letzte Konsequenz nicht offen aussprach. Das war ein umso gewagteres Stück der höheren politischen Artistik, als der Zweck der Operation der genau gegenteilige war: Die als zögerlich gescholtene Parteivorsitzende wollte als eine Frau erscheinen, die zum Äußersten entschlossen war. Angela Merkel hatte schon einiges erreicht: Sie hatte den CDU-Ehrenvorsitzenden Helmut Kohl vom Thron gestürzt, auf Regionalkonferenzen die Parteibasis für sich eingenommen, mit einem Wolfratshausener Frühstück die Niederlage im Kampf um die Kanzlerkandidatur in einen Akt des freien politischen Willens umgedeutet. Doch zwei wichtige Fragen waren bisher offen geblieben. Niemand wusste, für welche politischen Positionen sie stand, von der Erneuerung der eigenen Partei abgesehen. Und sie hatte noch keinen politischen Großkonflikt mit jener Härte durchgefochten, die für den Weg ins Kanzleramt nötig ist. Vulgär gesprochen, hatte sie noch nicht »Cojones« gezeigt. Das musste sie aber, wollte sie die Machos des Politikbetriebs beeindrucken.

Merkel suchte also nach einer Möglichkeit, äußerste Abgebrühtheit zu demonstrieren. Welches Thema wäre dazu besser geeignet gewesen als eben der Krieg? Mehrere Faktoren minimierten das Risiko. Als freiheitsdurstige Ostdeutsche konnte Merkel den Schulterschluss mit Bush mühelos in ihre biografische Erzählung integrieren. Sollte das Bekenntnis im Wahlkampf schaden, würde es nicht auf sie zurückfallen, sondern auf den Kandidaten Stoiber – und ihr selbst die Option aufs Kanzleramt offenhalten. Gleichzeitig konnten ihr die konservativen Widersacher in der CDU den Rückgriff auf transatlantische Traditionsbestände der Partei nicht zum Vorwurf machen. In dem Interview-Buch, das Merkel vor der Bundestagswahl 2005 mit dem Publizisten Hugo Müller-Vogg herausbrachte, gestand die CDU-Vorsitzende das taktische Kalkül offen ein. »Nach dem 11. September konnte man spüren, dass manche dachten, darauf kann nur ein Mann mit der nötigen Härte reagieren«, sagte sie. »Eine Annahme, die in jeder Hinsicht falsch ist. Frauen können mindestens so hart und durchsetzungsfähig wie Männer sein, wie dann ja auch zum Beispiel in der Irak-Diskussion klar wurde.«

In ihrem eigenen Wahlkampf 2005 reichte Merkels Enthusiasmus allerdings nicht mehr so weit, sich mitten in der Kampagne für die schon sicher geglaubte Kanzlerschaft allzu sehr im proamerikanischen Sinn zu exponieren. In Washington hätte man die Herausforderin des Kriegsgegners Schröder, die mutmaßlich bald ins Kanzleramt einziehen würde, gern empfangen. Doch jetzt schickte Merkel Wolfgang Schäuble vor, den außenpolitischen Experten und stellvertretenden Vorsitzenden der Unionsfraktion. Bilder von einer Kanzlerkandidatin, die sich in der amerikanischen Hauptstadt als verhinderte Alliierte eines inzwischen gescheiterten Feldzugs feiern ließ, hätten den Wahlsieg nur gefährdet. Zudem hatte die Parteivorsitzende ihre Härte mittlerweile auf anderen Feldern unter Beweis gestellt, mit dem sozialpolitischen Reformprogramm des Leipziger Parteitags vom Dezember 2003 etwa oder mit der zunächst als mutig gefeierten Berufung des Heidelberger Juraprofessors Paul Kirchhof zum steuerpolitischen Experten ihres Schattenkabinetts. Mit dem Irak-Thema drang Schröder gar nicht mehr gegen Merkel durch, obwohl die SPD in ihrem Wahlprogramm formuliert hatte: »Mit einer Kanzlerin Merkel stünden heute deutsche Soldaten in Bagdad.«

Nur war Merkel 2003 eben nicht Kanzlerin, und zum Zeitpunkt ihrer Washington-Reise bestand auch nicht die Gefahr, dass die CDU bis zum bevorstehenden Kriegsausbruch die Regierungsverantwortung würde übernehmen müssen. Mit ihrer wagemutigen Positionsbestimmung kostete die CDU-Vorsitzende die Freiheiten der Opposition aus. Niemand weiß, wie sie sich als Regierungschefin tatsächlich verhalten hätte. Und es gab durchaus Gründe, sich an manchen Argumenten der deutschen Kriegsgegner zu stoßen. Von einer tiefergehenden Analyse der Verhältnisse im Nahen und Mittleren Osten waren die meisten Debattenbeiträge nicht geprägt. Manchen Diskutanten reichte die Kombination der Begriffe »USA« und »Öl« zur Bewertung des Geschehens völlig aus. Hinzu kamen apokalyptische Szenarien über den Ausbruch eines Dritten Weltkriegs, die zwar deutschen Untergangsfantasien entsprachen, aber die berechtigten Einwände gegen die amerikanische Politik eher diskreditierten.

Schließlich blieb Schröders brüsker Bruch mit Amerika ein ernstes politisches Problem, bei allen Einwänden gegen den Krieg im Irak. »Deutschland bleibt nicht nur aus Sicherheitsgründen auf das enge Verhältnis zu den USA angewiesen, sondern auch aus innenpolitisch-historischen Gründen seiner ›geliehenen Demokratie‹«, schrieb Joschka Fischer 1995 in seinem Buch *Risiko Deutschland,* das die Probleme der deutschen Mittellage seit Bismarcks Tagen analysierte. Fischer, der seine Einwände gegen den Irak-Krieg (»I'm not convinced«) dem amerikanischen Verteidigungsminister lieber auf der Münchener Sicherheitskonferenz als in Wahlkampfreden entgegenhielt, formulierte damit so etwas wie die Staatsräson der alten Bundesrepublik. Sie war nicht nur von einer Absage an deutsche Sonderwege und Alleingänge geprägt, sondern auch von tiefem Misstrauen gegenüber dem eigenen Volk, das nach den Erfahrungen zweier Weltkriege lieber nicht mehr im Alleingang entscheiden sollte, wohin es seine Soldaten schickt. In dieser Einschätzung unterschied sich der Grüne Fischer kaum von dem Christdemokraten Helmut Kohl oder dem Sozialdemokraten Helmut Schmidt, für die das allerdings noch hieß: Deutschland solle nach Möglichkeit überhaupt keine Soldaten entsenden. Das war anders, als Gerhard Schröder vor dem Deutschen Bundestag am Tag nach den Anschlägen vom 11. September 2001 den Inhalt seines Telegramms an den amerikanischen Präsidenten referierte: »Ich habe ihm auch die uneingeschränkte – ich betone: die uneingeschränkte – Solidarität Deutschlands zugesichert.«

Es war ein Moment der Unerschrockenheit, der auch abgebrühten politischen Beobachtern für einen Augenblick den Atem stocken ließ. Darin ähnelte Schröders Solidaritätsbekundung dem Nato-Nachrüstungsbeschluss, den Helmut Schmidt bei den Amerikanern durchsetzte, und eben dem kaum verklausulierten Ja der CDU-Vorsitzenden zum Feldzug im Irak. Merkel kann bemerkenswert furchtlos sein, vor allem, wenn es um die großen Angstthemen der Deutschen wie Krieg oder Atomkraft geht. Man soll ihr Zaudern nicht mit Ängstlichkeit verwechseln. Bisweilen gehört mehr Mut dazu, nicht zu handeln, als kurzfristige Ansprüche zu befriedigen.

Auf eine ganz andere Art angstfrei schlitterte Merkel acht Jahre später in eine Entscheidung, von der man bis heute nicht weiß, ob sie die Frucht reiflicher Überlegung oder am Ende bloß ein Unfall war. Am 17. März 2011, kurz vor Mitternacht, spielte sich im New Yorker Sitzungssaal des UN-Sicherheitsrats eine denkwürdige Szene ab. Das Gremium beschloss die Resolution Nummer 1973, mit den Stimmen der Vereinigten Staaten, des Vereinigten Königreichs, Frankreichs, Kolumbiens, Nigerias, Gabuns, Südafrikas, Bosniens, Portugals und des Libanon. Das Dokument ermächtigte die Mitgliedstaaten, eine Flugverbotszone über Libyen einzurichten und »alle notwendigen Maßnahmen« zum Schutz der Zivilbevölkerung vor den gewaltsamen Übergriffen des Diktators Muammar al-Gaddafi zu ergreifen.

Interessanter als die Liste der Unterstützer war allerdings, wer in jener Nacht die Hand zur Enthaltung hob und damit dem Militäreinsatz die Zustimmung verweigerte. Es waren die Vertreter Russlands, Chinas, Indiens, Brasiliens – und der Bundesrepublik Deutschland. Acht Jahre zuvor hatte Angela Merkel ihren Vorgänger Schröder harsch dafür kritisiert, dass er nicht gemeinsam mit den Vereinigten Staaten in einen Krieg gezogen war, der sich hinterher als Fehler erwies. Nun rückte sie selbst von den Verbündeten ab und verweigerte sich einem vergleichsweise überschaubaren Militäreinsatz, der im Nachhinein als Erfolg gelten sollte. Anders als ihr Vorgänger, der sich immerhin mit dem französischen Präsidenten Jacques Chirac einig gewesen war, wusste sie keines der westlichen Länder an ihrer Seite.

Was war geschehen? Wurde die deutsche Regierung vom Verlauf der Ereignisse tatsächlich überrumpelt? Die Initiative war von Frankreich ausgegangen, wie zwei Jahre später bei der Intervention in Mali. Merkel und ihr Außenminister Guido Westerwelle, der zu jenem Zeitpunkt noch FDP-Vorsitzender war und die Welt aus der Perspektive spätrömischer Parteitaktik betrachtete, hatten jedoch anders kalkuliert: Sie gingen davon aus, dass US-Präsident Barack Obama diesmal die Rolle Chiracs übernehmen, sich im Sicherheitsrat enthalten und Deutschland mit seiner Skepsis nicht allein lassen würde. Entsprechende Signale aus Washington gab es, schließlich waren die Amerikaner nach dem Irak-Debakel kriegsmüde, und vitale

Interessen der Vereinigten Staaten standen in Libyen nicht auf dem Spiel. Als Verteidigungsminister Thomas de Maizière zwei Tage vor der UN-Abstimmung in Washington Gespräche führte, brachte er die Botschaft nach Hause, die Obama-Regierung werde der Flugverbotszone nicht zustimmen. Im Vertrauen darauf legte sich die deutsche Regierung vor der heimischen Öffentlichkeit auf eine Nichtteilnahme fest. Als sie kurz vor der Abstimmung erfuhr, dass sich die amerikanische Haltung geändert hatte, schien es ihr für einen Positionswechsel wohl zu spät. Das ohnehin schwierige Verhältnis Merkels zu Obama dürfte dieser Ablauf nicht verbessert haben.

Man sollte auch den menschlichen Faktor nicht unterschätzen. Die Abstimmung in New York fand an einem Donnerstag statt. Am Freitag zuvor waren die Wellen des Tsunami über dem Atomkraftwerk in Fukushima zusammengeschwappt, was zur Kernschmelze der schwarz-gelben Energiepolitik führte. Am Tag des Reaktorunglücks hatten zudem die Staats- und Regierungschefs der Europäischen Union in Brüssel beschlossen, das Ausleihvolumen des europäischen Stabilisierungsfonds EFSF von 250 auf 440 Milliarden Euro zu erhöhen. Dieser Schritt galt Kritikern als weiterer Durchbruch zu einer »Transferunion«. Bei der für September angesetzten Bundestagsabstimmung musste Merkel in einer Weise um ihre Regierungsmehrheit fürchten, die an die Endphase der rot-grünen Regierungszeit und Gerhard Schröders Vertrauensfragen erinnerte. Zu allem Überfluss standen am übernächsten Sonntag Landtagswahlen in Baden-Württemberg an, bei denen die CDU den Verlust ihrer seit 1953 behaupteten Regierungsmacht fürchten musste. Erschwerend kam hinzu, dass sich die deutsche Politik seit der Pleite der amerikanischen Lehman-Bank im Herbst 2008 ununterbrochen im Ausnahmezustand befand: Auf die Finanzkrise folgten Wahlkampf, Koalitionsstreitigkeiten, Griechenlandpleite, Rücktritt des Bundespräsidenten und Atomdebakel. Bis auf den vergleichsweise ruhigen Wahlkampf waren das allesamt Ereignisse, die in der Geschichte der Bundesrepublik ihresgleichen suchten und die Nerven aller Beteiligten entsprechend strapazierten.

In dieser Lage rächte sich auch, dass Merkel nicht über einen vertrauenswürdigen Ressortchef im Außenministerium verfügte. Schon immer hatten sich die Kanzler die Grundlinien der internationalen Politik vorbehalten, allen voran Konrad Adenauer, der das Auswärtige Amt anfangs in Personalunion selbst geleitet hatte. Ebenso hatten die zuständigen Minister schon in den vorausgegangenen Regierungen an Einfluss eingebüßt, allein wegen der wachsenden Bedeutung der Europapolitik, für die das Kanzleramt und in Währungsfragen auch das Finanzministerium verantwortlich zeichnen. Neu war gleichwohl das Ausmaß des Desinteresses, mit dem der FDP-Vorsitzende Guido Westerwelle zunächst das Amt bekleidete, das er auf Anraten des Altvorderen Hans-Dietrich Genscher statt des Finanzressorts für seine Partei in Anspruch genommen hatte.

Schon als das schwarz-gelbe Bündnis im Oktober 2009 seine Koalitionsvereinbarung schloss, wurde das allzu forsche Amtsverständnis des außenpolitischen Novizen offenbar. Anders als Fischer hatte sich Westerwelle nicht konzeptionell auf die Übernahme des Ressorts vorbereitet. Im Gegensatz zu den Grünen glaubte die FDP ererbte Ansprüche auf das Ressort zu besitzen, so dass programmatische Entwürfe überflüssig zu sein schienen. »Wir wollen, dass die letzten Atomwaffen, die in Deutschland noch stationiert werden, abgezogen werden«, verkündete Westerwelle bei der Vorstellung des Koalitionsvertrags, ungeachtet der Tatsache, dass ein solcher Schritt sinnvollerweise auf der Grundlage internationaler Abmachungen zu erfolgen hätte. Eine sichtlich genervte Kanzlerin korrigierte ihn: »Wichtig ist mir der Begriff ›in Gesprächen mit unseren Partnern‹. Wir machen ja kein einseitiges Handeln.«

In den folgenden Monaten ließ der Bundesminister des Auswärtigen das Abrüstungsthema wieder fallen. Er konzentrierte sich stattdessen auf sein Amt als FDP-Vorsitzender und auf die innenpolitische Agenda. Seine besondere Sorge galt ungeachtet der europäischen Schuldenkrise dem Wunsch nach Steuersenkungen, die er durch ein Urteil des Bundesverfassungsgerichts zur Korrektur der Hartz-IV-Sätze in Gefahr sah. Wer diese auf mehr als 359 Euro monatlich erhöhe, erläuterte er Anfang 2010 in einem kleinen Gastkommentar für die *Welt*, der verspreche »anstrengungslosen Wohlstand« und lade zu »spätrömischer Dekadenz« ein. Erst nach seinem erzwungenen Rücktritt als Parteivorsitzender im Mai 2011 gelang es Westerwelle, sich auf sein Ressort zu konzentrieren. Trotzdem haftete seinen Äußerungen weiterhin etwas Holzschnittartiges an. Vor allem die schematische Ablehnung von Militäreinsätzen zu gleich welchen Zwecken erweckte den Eindruck, als lasse sich der Minister allein von Meinungsumfragen leiten. Das mag bei der Kanzlerin nicht anders sein. Doch wird ihr im Gegensatz zu dem Minister zugetraut, die Einsichten zu besitzen, über die sie sich dann aus wahltaktischen Gründen hinwegsetzt.

Auch wenn das Auswärtige Amt schon zuvor an Bedeutung verloren hatte, so konnte sich das Kanzleramt unter Westerwelles Vorgängern zumindest auf die Analysen des Ministeriums verlassen und Aufgaben an das zuständige Fachressort delegieren. Auf internationalem Parkett vertraten die Minister – manchmal zähneknirschend – die gemeinsam abgestimmte Linie. Bei Westerwelle konnte sich die Kanzlerin schon wegen mangelnder intellektueller Durchdringung der Materie nie sicher sein. Auf welchem Niveau Genschers Erben in der FDP Außenpolitik betrieben, demonstrierte eine Woche nach der Libyen-Entscheidung der für Entwicklungshilfe zuständige Minister Dirk Niebel. »Ist ja schon bemerkenswert, dass gerade die Nationen munter in Libyen bomben, die Öl von Libyen beziehen«, erläuterte er bei Maybritt Illner in der Talkshow die Beweggründe der westlichen Verbündeten.

Bei aller Hektik jener Tage, bei allen Problemen mit dem eigenen Außenminister muss sich die Kanzlerin das deutsche Abstimmungsverhalten im Sicherheitsrat gleichwohl selbst zurechnen lassen – zumal es sich in das Muster einer neuen Merkel-Doktrin einfügt. Oft wird betont, Merkel agiere wie ein lernendes System, und Fehler unterliefen ihr immer nur einmal. Das stimmt, doch fallen die Lerneffekte oft sehr drastisch aus. Dem Scheitern des Kirchhof-Experiments im Wahlkampf 2005 folgte die konsequente Verweigerung jeder systematischen Reform des

Steuer- und Abgabenrechts. Nach Fukushima nahm die Kanzlerin nicht nur die selbst beschlossene Verlängerung der Atomlaufzeiten zurück, sie verkürzte die Lebensdauer der Kraftwerke sogar drastischer als von der rot-grünen Vorgängerregierung geplant. Und nachdem sie den Folgen ihrer Irak-Politik durch fast schon wundersame Fortune entkommen war, wandelte sie sich spätestens mit der Libyen-Entscheidung zu einer Radikalpazifistin, gegen die Schröder und Fischer mit ihren Interventionen im Kosovo und in Afghanistan fast schon als gefährliche Kriegstreiber erscheinen.

Schröders halbe Emanzipation vom westlichen Bündnis, die immerhin noch durch das Einvernehmen mit Frankreich abgefedert war, ersetzte Merkel nun durch die volle Eigenständigkeit ihres außenpolitischen Handelns. Zur gleichen Zeit fiel der Bundesrepublik durch die Euro-Krise die Rolle der europäischen Führungsmacht zu. Beide Entwicklungen vermischten sich zum Gesamteindruck eines neuen deutschen Selbstbewusstseins als eigenständige Macht. Dabei wollte Merkel doch in beiden Fällen, beim Euro wie in Libyen, zunächst überhaupt nichts tun. Aber gerade der Versuch, sich der Verantwortung zu entziehen, wurde als Machtdemonstration aufgefasst: Das ist der Preis, den Deutschland für sein neues Gewicht als europäische Führungsmacht zahlen muss. Andere Länder nähmen, äußerte der Publizist Thomas E. Schmidt im Zusammenhang mit der Euro-Krise, »die deutsche Langeweile auch als machtbewehrten Nationalismus wahr«.

Hatte der amerikanische Präsident den Eklat um Libyen schon vergessen, als er keine drei Monate später der Kanzlerin in Washington die Freiheitsmedaille verlieh und für die Besucherin ein Staatsbankett gab? Wohl kaum. »In Nordafrika unterstützen wir den Aufbruch in die Freiheit«, erklärte Merkel kleinlaut während der Begrüßungszeremonie. Doch die Visite, von Merkels Leuten als große Versöhnungsgeste interpretiert, wurde in den Vereinigten Staaten weitaus weniger wahrgenommen. Der Berichterstatter der *Frankfurter Allgemeinen Zeitung* merkte an, die Medaille werde pro Jahr ein Dutzend Mal vergeben, unter anderem an die Regierungschefs so bedeutender Länder wie Irland, Belgien und Liberia. Merkels Verhältnis zu Obama wird wohl niemals so innig werden wie zum Vorgänger George W. Bush, trotz des Deutschlandbesuchs im Juni 2013.

Ausgerechnet die Kanzlerin, die bei den Deutschen so beachtliche Popularitätswerte erzielt, verstand sich glänzend mit dem hierzulande unbeliebtesten US-Präsidenten aller Zeiten – und fremdelt mit dem Mann, der zum Zeitpunkt seiner Wiederwahl im November 2012 hierzulande nach Umfragen mehr als 90 Prozent der Stimmen erhalten hätte. Mit Merkels Weigerung, den demokratischen Bewerber um das Präsidentenamt während seiner ersten Kampagne 2008 am Brandenburger Tor sprechen zu lassen, hängt das allenfalls am Rande zusammen, eher schon mit Obamas pathetischem Stil, der Merkels Politikverständnis vollkommen widerspricht.

Dass der Amerikaner stets als löbliches Gegenmodell zum schnörkellosen Pragmatismus der Kanzlerin dargestellt wurde, ließ deren Zuneigung nicht wachsen. »Das System der USA ist wahrscheinlich geeigneter, überragende Persönlichkeiten hervorkommen zu lassen«, musste sich Merkel von ihrem damaligen Fraktionsgeschäftsführer Norbert Röttgen mit Blick auf Obama vorhalten lassen. »Er hat eine Stimmung erzeugt, die den Glauben an Politik ermöglicht. Das ist viel mehr wert als ein Steuerkonzept oder ein Konzept zur Reform der Krankenversicherung.« Die Erinnerung an solche Sätze hat dreieinhalb Jahre später, als Röttgen mit seiner Begeisterungsfähigkeit im nordrhein-westfälischen Wahlkampf nicht durchdrang, die Entlassungsgelüste der Kanzlerin nicht gedämpft. Allerdings musste sich Merkel durch Obamas Wiederwahl Ende 2012 belehren lassen, dass programmatische Festlegungen und visionäre Begeisterungsfähigkeit nicht zwangsläufig in den politischen Abgrund führen – und auch nicht in die Arztpraxis, wie Helmut Schmidt glaubte.

Es greift aber zu kurz, die neue Kühle im deutsch-amerikanischen Verhältnis nur mit Unverträglichkeiten der handelnden Personen zu erklären. Zwei Jahrzehnte nach dem Ende des Kalten Krieges ist die alte Bündnisrhetorik an ihr Ende gelangt. Das muss nun ausgerechnet eine Kanzlerin erfahren, die als DDR-Bürgerin viele ihrer Hoffnungen in die westliche Schutzmacht gesetzt hatte. Im Kampf gegen die Erderwärmung ließ Obama beim Kopenhagener Gipfeltreffen vom Dezember 2009 ausgerechnet die Klimakanzlerin kühl abblitzen. In der europäischen Schuldenkrise mäkelte kaum jemand so laut an Merkels Austeritätspolitik herum wie die Amerikaner, die ihre eigenen Wirtschaftsprobleme mit immer neuen Krediten bekämpften.

Vor allem aber wandten sich die Vereinigten Staaten

in der ersten Amtszeit Obamas anderen Weltregionen zu. Neben der pazifischen Kooperation mit China, von der Amerika schon aus finanziellen Gründen so abhängig ist wie nie zuvor, richtete sich der Blick vor allem auf die islamische Welt. Seine am meisten beachtete Auslandsreise unternahm Obama Anfang Juni 2009, als er zunächst in Kairo eine Rede an die Muslime hielt und anschließend das frühere Konzentrationslager Buchenwald in Thüringen besuchte. Nur mit Mühe gelang es Merkel, sich in das Besuchsprogramm hineinzudrängen: Sie reiste Obama nach Dresden hinterher, wo der Präsident auf dem Weg von Kairo nach Weimar übernachtete.

Seit Obamas Wiederwahl hat sich das Verhältnis ein wenig entspannt. Der Präsident redet wieder von Klimapolitik, die Kanzlerin hat der Europäischen Zentralbank grünes Licht für eine Krisenbekämpfung à l'Américaine gegeben, und wegen ihrer wirtschaftlichen Schwierigkeiten sind Europäer und Amerikaner wieder stärker aufeinander angewiesen. Aber in einem Punkt werden die Vereinigten Staaten an ihrem neuen Kurs festhalten: Nach den Abenteuern in Afghanistan und im Irak haben sie von weltweiten Militäreinsätzen erst einmal genug. Sollte es vor der Haustür des alten Kontinents Schwierigkeiten geben wie zuletzt in Libyen oder Mali, dann sollen sich die Europäer selber darum kümmern.

Beim Einsatz in Mali Anfang 2013 war die Lage für Merkel vergleichsweise bequem: Sie musste gar keine Entscheidung treffen. Die Übergangsregierung des afrikanischen Landes hatte direkt bei der früheren Kolonialmacht Frankreich um Hilfe gegen die islamistischen Rebellen nachgesucht. Der UN-Sicherheitsrat, der im Dezember das Mandat für eine afrikanische Friedenstruppe erteilt hatte, erklärte das französische Vorgehen im Nachhinein für völkerrechtskonform. Die deutsche Regierung ist aus dem Gremium zum Jahresende 2012 turnusgemäß ausgeschieden und darüber nach dem Libyen-Debakel auch recht froh, allem früheren Bemühen um einen ständigen Sitz zum Trotz.

So konnte Merkel erst einmal in Ruhe zuschauen. Die französische Armee hatte schon Monate im Voraus die Region erkundet, dann bombardierte sie mit ihren Mirage- und Rafale-Flugzeugen Stützpunkte der Rebellen, rückte schließlich mit Bodentruppen und Spezialkräften in den Norden des Landes vor. Mehrere hundert Menschen starben dabei, entgegen französischen Angaben wohl nicht nur Islamisten. Es war nach deutschem Verständnis ein ziemlich robuster Einsatz. Mit der Bundeswehr hätte man dort ohnehin nichts anfangen können – weil sie solche Einsätze nicht durchführen darf, weil sie sich in der Region nicht auskennt, weil sie dafür nicht ausgerüstet ist.

Merkel findet, die Afrikaner sollten sich stärker selber kümmern. Schließlich verfügt die Elite des Kontinents über gut gefüllte Bankkonten in Europa. Trotzdem dauerte es viele Monate, bis der im Dezember 2012 beschlossene Einsatz einer afrikanischen Friedenstruppe überhaupt ins Laufen kam. Die Kanzlerin wundert sich, wie selbstverständlich es die Afrikaner finden, dass ihre Soldaten keine Schuhe haben, und rechnet durch, wie lange die Industrie für die Lieferung von Tausenden Stiefeln wohl brauchen wird. Und dann fehlt es den einheimischen Truppen auch an »fahrbaren Untersetzern«, so kann man das wirklich von ihr hören, in einer jener putzigen Merkel-Formulierungen – wie sie schon in der Schule »abgeschwiffen« ist, wenn sie merkte, dass ein Thema plötzlich brenzlig wurde.

Für eine deutsche Kanzlerin ist das ist eine ziemlich bequeme Logik. Sie läuft darauf hinaus, dass die Europäer nur noch in Europa etwas zu suchen haben. Die Militäreinsätze in Bosnien und im Kosovo waren demnach richtig, alles andere falsch. Solange sich nicht Katalonien gewaltsam von Spanien lossagt oder im gebeutelten Griechenland ein blutiger Bürgerkrieg ausbricht, muss Merkel ihren friedliebenden Deutschen vorerst keine Militäreinsätze mehr zumuten. Stattdessen genehmigt sie Waffenlieferungen in alle Welt, Panzer vom Typ »Boxer« nach Saudi-Arabien oder »Leopard« nach Indonesien. Damit können sich die Länder selbst helfen, vorausgesetzt, die jeweiligen Regierungen werden nicht ihrerseits zum Problem. Man fragt sich, wozu Merkel die Wehrpflicht abgeschafft hat: Sollte die Bundeswehr damit nicht zu einer Truppe umgebaut werden, die jederzeit in den Auslandseinsatz ziehen kann? Oder bleiben unter dem Strich nur die Stimmen junger Wähler, die sich nicht mehr dem Zwangsdienst in Kaserne oder Pflegeheim unterwerfen müssen? Da ausgerechnet der Jungstar der Konservativen, Karl-Theodor zu Guttenberg, die Reform während einer Nachtsitzung im Kanzleramt handstreichartig anstieß, musste sich Merkel, die weiße Revolutionärin, nie dafür rechtfertigen. Nur so konnte sie wohl gelingen.

Mit der Furchtlosigkeit ihrer Anfänge begegnete Merkel zunächst dem großen Nachbarn im Osten: Russland. Hier vollzog sie zu Beginn ihrer Amtszeit einen deutlichen Kurswechsel. Ihr Vorgänger Gerhard Schröder pflegt bis heute eine Freundschaft mit dem russischen Staatspräsidenten Wladimir Putin und bescheinigt ihm in Interviews, er wolle aus Russland eine Demokratie machen. Merkel traf sich schon bei ihrem Moskauer Antrittsbesuch im Januar 2006 auch mit Oppositionellen. Putin revanchierte sich auf eigene Art: Er schenkte der deutschen Regierungschefin, die sich vor Hunden fürchtet, einen Stoffhund und ließ ein Jahr später bei einem Treffen mit der Kanzlerin im Badeort Sotschi seinen Labrador von der Leine.

Ähnlich verhielt sich Merkel gegenüber der chinesischen Führung. Im September 2007 empfing sie den Dalai Lama, Exilant aus dem von China okkupierten Tibet und Liebling der deutschen Öffentlichkeit – einschließlich des damaligen hessischen Ministerpräsidenten Roland Koch. Acht Monate später besuchte der religiöse Führer der Tibeter erneut die deutsche Hauptstadt. Diesmal wurde er von Entwicklungsministerin Heidemarie Wieczorek-Zeul empfangen, ohne dass der sozialdemokratische Außenminister und Vizekanzler Frank-Walter Steinmeier etwas davon wusste. Es war einer der Momente, die den latenten außenpolitischen Konflikt in der großen Koalition offen ans Licht brachten. Anders als die Parteilinke Wieczorek-Zeul waren die Realpolitiker der SPD von Merkels Vorpreschen wenig erbaut. Sowohl der frühere Bundeskanzler Schröder als auch sein einstiger Amtschef Steinmeier hielten Merkel vor, ihr Verhalten schade deut-

schen Interessen und nutze am Ende auch den Menschen-
rechten nicht. »Man sollte auf Aktivitäten verzichten, die
nur für die deutsche Öffentlichkeit bestimmt sind«, sagte
Schröder. »Solche Rituale sind keine Basis für erfolgreiche
Politik.«

Bei aller Kritik an Schröders gut dotiertem Beraterver-
trag mit einer russisch-deutschen Pipelinefirma darf man
nicht vergessen, dass hinter der Pflege gutnachbarschaft-
licher Beziehungen zu Russland alte deutsche, insbesondere in der Sozialdemokratie kultivierte Überzeugungen
stecken. Dass sich Deutschland mit der Großmacht im
Osten schon aus geopolitischen Gründen gut zu stellen
habe, zählt zu den außenpolitischen Maximen eines Landes, dessen Bewohner sich vor dem Riesenreich im Osten
immer noch ein wenig gruseln. Seit den Zeiten des Ein-
heitskanzlers Helmut Kohl kam auch ein Stück Dankbarkeit hinzu: Kohl wusste, was er den Sowjets und ihren
Nachfolgern mit der Zustimmung zur Wiedervereinigung,
dem Abzug der russischen Truppen aus Mitteleuropa und
der Osterweiterung des westlichen Militärbündnisses zu-
gemutet hatte. Später kam noch der inzwischen aufgege-
bene amerikanische Raketenschirm hinzu.

Auf der Münchener Sicherheitskonferenz im Februar
2007 holte Putin zu einem rhetorischen Gegenschlag aus,
der sich vor allem gegen die Amerikaner richtete, aber
auch der deutschen Kanzlerin als deren Erfüllungsgehilfin galt. »Eine monopolare Welt, das heißt: ein Macht-
zentrum, ein Kraftzentrum, ein Entscheidungszentrum.
Dieses Modell ist für die Welt unannehmbar«, sagte er
erregt. »Es ist vernichtend, am Ende auch für den Hege-

mon selbst.« Am Morgen danach vollführte Egon Bahr, der sich gerade zu einer Diskussionsveranstaltung in Weimar aufhielt, im Hotel geradezu Freudensprünge: Endlich lasse sich Russland nicht mehr alles gefallen, was Amerika dem Land zumute. Der Architekt der Ostpolitik gilt in der SPD immer noch als eine Autorität in außenpolitischen Fragen. Für die Partei gehört das Prinzip »Wandel durch Annäherung« weiterhin zur programmatischen Grundausstattung.

Das zeigte sich erneut, als es im August 2008 zu einem militärischen Konflikt zwischen Russland und dem westlich orientierten Georgien um die abtrünnigen Republiken Südossetien und Abchasien kam. Die Moskauer Führung nahm für sich in Anspruch, die dortige Bevölkerung vor georgischen Übergriffen zu schützen. Damit machte sie sich das Argument der humanitären Intervention zu eigen, das sie beim westlichen Eingreifen im Kosovo neun Jahre zuvor noch abgelehnt hatte. Merkel flog zu einem lange vereinbarten Treffen mit Dmitri Medwedew, der vorübergehend für Putin das Amt des Staatspräsidenten einnahm, nach Sotschi. Die Atmosphäre war trotz der sommerlichen Temperaturen in dem Schwarzmeerort außerordentlich kühl. Zwei Tage später traf sich die deutsche Kanzlerin in Tiflis mit dem georgischen Präsidenten Micheil Saakaschwili. Ihm begegnete sie mit erkennbar mehr Sympathie, obwohl er für seine leichtfertige militärische Provokation auch im Inland kritisiert wurde. »Georgien wird, wenn es das will, und das will es ja, Mitglied der Nato sein«, sagte Merkel. Auf dem Nato-Gipfel wenige Monate zuvor in Bukarest hatte das Bündnis unter anderem auf Betreiben Deutschlands die sofortige Aufnahme des Landes in den Membership Action Plan noch abgelehnt, der die Vorstufe zur Mitgliedschaft bedeutet.

Die Kombination der beiden Auftritte löste bei alten westdeutschen Entspannungspolitikern zumindest ein Frösteln aus. Horst Teltschik, langjähriger außenpolitischer Berater Kohls, forderte Merkel in der *taz* zu mehr Entgegenkommen gegenüber Russland auf. Ähnlich wie Bahr mahnte er eine Antwort auf die Rede an, die Putin auf der Münchener Sicherheitskonferenz gehalten hatte. Das Land brauche für seine Weiterentwicklung »Hilfe und Unterstützung, nicht ständige öffentliche Ermahnungen«.

In Situationen wie diesen wird es politisch relevant, dass das größte Land Westeuropas seit 2005 eine im Ostblock sozialisierte Regierungschefin hat. Schröder und Steinmeier sind mit ihrer Russlandpolitik immer sehr großzügig über die Interessen Ostmitteleuropas hinweggegangen. Die polnischen Einwände gegen das deutsch-russische Pipelineprojekt durch die Ostsee interessierten den SPD-Kanzler wenig, und die orangene Revolution in der Ukraine, von polnischen Politikern 2004 nach Kräften unterstützt, nahm Schröder als potenziellen Störfaktor in den Beziehungen zu Russland wahr – auf »Putinsch«, wie die *Berliner Zeitung* schrieb. Das Interesse an den kleineren Staaten Ostmitteleuropas war erst recht wenig ausgeprägt.

Das hat sich mit Merkel geändert. Nach dem Scheitern der EU-Verfassung gelang es ihr in zähem Ringen, sogar den damals in Polen regierenden Kaczynski-Brüdern die Zustimmung zum neuen Vertrag von Lissabon abzuringen. Als sich die Slowaken schwertaten, den Hilfen für das vergleichsweise reiche Griechenland zuzustimmen, zeigte Merkel hinter vorgehaltener Hand Verständnis. Auf internationalen Gipfeltreffen nimmt sie sich die Zeit, auch mit den Regierungschefs der kleinen Länder zumindest ein paar Minuten zu reden. Nicht nur eine gemeinsame Distanz gegenüber der einstigen Besatzungsmacht Russland ist hier das Thema, sondern auch die gemeinsame Verwunderung über manche Zimperlichkeit der Wohlstandseuropäer im Westen.

Indem Merkel mit Schröders Russlandpolitik brach, ist sie auf eine paradoxe Weise den Weg des SPD-Kanzlers zu Ende gegangen. Helmut Kohl hatte nach der Wiedervereinigung alles getan, um die Außenpolitik der alten Bundesrepublik so wenig wie möglich zu verändern. Er blieb dem engen transatlantischen Verhältnis ebenso treu wie der besonderen Beziehung zu Russland, er wollte keine deutschen Soldaten in Militäreinsätze schicken, er betrachtete die europäische Integration als Bestandteil der deutschen Staatsräson. Schröder setzte sich davon ab: Deutlicher als die Kanzler zuvor vertrat er deutsche Interessen, zu Beginn seiner Amtszeit verband er das sogar mit EU-kritischen Tönen. Den Amerikanern widersprach er in einer wichtigen strategischen Frage, dem Irak-Krieg, auf offener Bühne. Angela Merkel, die damals gegen ihn polemisierte, ist ihm nun gefolgt. Ähnlich wie in der Innenpolitik kennt sie in der Außenpolitik keine Freundschaften und keine dauerhaften Festlegungen, sondern nur Interessen, Machtfragen, Allianzen auf Zeit – von ihrem Bekenntnis zu Israel vielleicht abgesehen, aber das gehört in ein anderes Kapitel.

KAPITEL 7:
STAATSRÄSON

In gewisser Hinsicht ist alle Politik in Deutschland seit 1945 auch Geschichtspolitik. Hat sich die Bundeskanzlerin mit einer »Weltwirtschaftskrise« auseinanderzusetzen, dann denkt man hierzulande an den Untergang der Demokratie im Januar 1933. Das harmlose Wort Inflation wird rasch mit der Vorsilbe »Hyper« in Verbindung gebracht, weckt also ebenfalls Erinnerungen an die Weimarer Republik. Und verhandeln die Regierungschefs der Europäischen Union über Sparprogramme für die Krisenländer, dann wird die deutsche Regierungschefin mancherorts als Wiedergängerin des Diktators Adolf Hitler karikiert.

Auch im engeren Sinn hat die Geschichtspolitik bislang jeden Bundeskanzler beschäftigt. Schon 1952 schloss Konrad Adenauer mit Israel ein Abkommen über »Wiedergutmachung«. Zur gleichen Zeit stellte er allerdings mit einer ganzen Reihe von Gesetzen teils erheblich belastete NS-Täter von Strafverfolgung frei, beendete die Entnazifizierung und rehabilitierte entlassene Beamte. Der pflegliche Umgang mit der großen Schar sogenannter Mitläufer vergrößerte die gesellschaftliche Akzeptanz der jungen westdeutschen Demokratie, erscheint aus heutiger Sicht aber problematisch. Auch klingt im Begriff »Wiedergutmachung« die Vorstellung an, man könne diese historische Schuld durch finanzielle Entschädigung aus der Welt schaffen. Und das Ansinnen, ausgerechnet dem Staat Israel die Aufgabe zuzumuten, Deutschland zu rehabilitieren, kommt uns heute befremdlich vor.

In Deutschland selbst begriffen sich die Menschen zunächst vor allem als Opfer der Geschichte. In den Familien wurde über Flucht und Vertreibung gesprochen, über Gefallene und Ausgebombte, über die Entbehrungen der Nachkriegszeit, nicht aber über Kriegsverbrechen oder den Holocaust. Eine breitere Öffentlichkeit begann sich erst seit den Auschwitzprozessen der Sechzigerjahre mit der nationalsozialistischen Vergangenheit auseinanderzusetzen. Ins Zentrum des deutschen Geschichtsbewusstseins rückte der Mord an den europäischen Juden mit der 1979 im deutschen Fernsehen ausgestrahlten Serie »Holocaust«. Das historische Interesse, das zu jener Zeit in West- wie Ostdeutschland neu erwachte und umstrittene Wiederaufbaupläne vom Frankfurter Römerberg bis zur Dresdener Semperoper beflügelte, verleitete anders als zunächst befürchtet nicht zu einer Relativierung der nationalsozialistischen Verbrechen. Es führte ganz im Gegenteil zu einer intensiveren Beschäftigung auch mit den Schattenseiten der eigenen Geschichte.

Unter den Bundeskanzlern hatte Willy Brandt mit seinem Kniefall vor dem Denkmal für die Opfer des Warschauer Ghetto-Aufstands geschichtspolitische Maßstäbe gesetzt. Mit dem Amtsantritt Helmut Kohls 1982 verband sich die Befürchtung eines Rollback. Gegen massive Widerstände inszenierte er mit dem amerikanischen Präsidenten Ronald Reagan am 5. Mai 1985 eine Versöhnungsfeier auf dem Soldatenfriedhof von Bitburg, auf dem auch Angehörige der Waffen-SS bestattet waren. Mit großem Misstrauen verfolgte die interessierte Öffentlichkeit sein Projekt eines Deutschen Historischen Museums in Berlin. 1986 verglich er die PR-Künste des sowjetischen Staats- und Parteichefs Michail Gorbatschow, von dessen ernstem Veränderungswillen er sich erst später überzeugen sollte, mit den Fähigkeiten des nationalsozialistischen Propagandaministers Josef Goebbels. Als ästhetisch und geschichtspolitisch verfehlt wurde seine einsame Entscheidung kritisiert, in der Berliner Neuen Wache eine vergrößerte Kopie von Käthe Kollwitz' »Mutter mit totem Sohn« aufzustellen, weil sie die Erinnerung an die »Opfer von Krieg und Gewaltherrschaft« mit christlicher Symbolik verband.

Den Kontrapunkt zu Kohls Besuch in Bitburg bildete die Rede, in der Bundespräsident Richard von Weizsäcker drei Tage später das Kriegsende am 8. Mai 1945 als »Tag der Befreiung« würdigte. Angela Merkel führte damals am Zentralinstitut für Physikalische Chemie in Berlin-Adlershof lange Gesprächen über die »großartige Rede« und über die historische Schuld der Deutschen, wie ihr Zimmergenosse Schindhelm berichtet. Mit den geschichtspolitischen Debatten der alten Bundesrepublik war Merkel also früh vertraut.

Nach der Wiedervereinigung und dem Beschluss zum Regierungsumzug nach Berlin sorgten sich manche Westdeutschen, das Land könne hinter den erreichten Stand kritischer Geschichtsbetrachtung zurückfallen und sich einer unreflektierten nationalen Euphorie hingeben. Pogromartige Ausschreitungen gegen Asylunterkünfte in Lichtenhagen und Hoyerswerda schienen die Befürchtungen ebenso zu bestätigen wie Brandanschläge auf die Wohnhäuser türkischstämmiger Einwanderer in Mölln und Solingen. Unbedarfte Äußerungen einzelner Politiker taten ein Übriges. So beklagte der sächsische Justizminister Steffen Heitmann, von Kanzler Kohl 1993 immerhin für das Amt des Bundespräsidenten nominiert, der Umgang mit der Nazi-Vergangenheit sei in Deutschland tabuisiert.

Tatsächlich hat der Umzug von Regierung und Parlament in die an Erinnerungsorten reiche Hauptstadt Berlin keineswegs zu einer neuen Geschichtsvergessenheit geführt, ganz im Gegenteil. Nach dem Regierungswechsel zu Rot-Grün 1998 und dem Umzug ein Jahr später kam es im Gegenteil zu einer Intensivierung geschichtspolitischer Debatten. Sie führten unter anderem zu den Beschlüssen, im Zentrum Berlins ein »Denkmal für die ermordeten Juden Europas« zu errichten und die ausländischen Zwangsarbeiter aus der Zeit des Nationalsozialismus endlich finanziell zu entschädigen.

Die Regierung Schröder/Fischer sah in einem neuen deutschen Selbstbewusstsein auf der Weltbühne einerseits und dem Bekenntnis zur deutschen Vergangenheit andererseits keinen Widerspruch. Das eine war nach ihrem Dafürhalten ohne das andere gar nicht denkbar. Darüber hinaus entwickelte sich Berlin nicht nur zu einer europäischen Partyhauptstadt, sondern auch wieder zu einem Zentrum jüdischen Lebens.

Im hessischen Neuhof hatte die neue Geschichtskultur noch nicht Einzug gehalten, als der Fuldaer CDU-Bundestagsabgeordnete Martin Hohmann dort am 3. Oktober 2003 eine Rede zum Tag der deutschen Einheit hielt. »Gibt es auch beim jüdischen Volk, das wir ausschließlich in der Opferrolle wahrnehmen, eine dunkle Seite in der neueren Geschichte?«, fragte er. Dem amerikanischen Präsidenten Woodrow Wilson zufolge sei die russische Revolution »jüdisch geführt« gewesen. »Daher könnte man Juden mit einiger Berechtigung als ›Tätervolk‹ bezeichnen.« Es dauerte eine Weile, bis die Medien auf die Rede aufmerksam wurden. Am 30. Oktober berichtete die ARD. Die »abstruse Gleichsetzung von Judentum und Bolschewismus«, erläuterte der Freiburger Historiker Ulrich Herbert, sei »das zentrale Gedankengut des nationalsozialistischen Antisemitismus«.

Hohmanns Partei- und Fraktionsvorsitzende versuchte das Thema zunächst klein zu halten. Am folgenden Montag, dem 3. November, erteilte Angela Merkel ihrem Abgeordneten eine Rüge. Damit sollte der Fall erledigt sein. Dann aber wurde ein Brief des Bundeswehrgenerals Reinhard Günzel bekannt, der sich bei Hohmann für dessen Rede bedankte. Verteidigungsminister Peter Struck von der SPD reagierte schnell, er entließ den General und verlangte von Merkel den Fraktionsausschluss Hohmanns. Jetzt nannte auch Kanzler Schröder die Sätze des Abgeordneten »gefährlich«, der israelische Botschafter sprach von einer »klassischen antisemitischen Rede«. Fast zwei

Wochen nach Bekanntwerden des Textes, am 10. November, kündigte die Vorsitzende den Hinauswurf Hohmanns aus Partei und Fraktion an.

Hatte Merkel wieder einmal zu lange gezaudert? Oder war sie im Gegenteil zu früh davon ausgegangen, dass die Sache erledigt sei? Hatte sie die Brisanz der Rede wirklich falsch eingeschätzt? Oder fühlte sie sich noch nicht stark genug, rechtskonservative Teile der Partei zu verprellen? Immerhin war die Vorsitzende in einer heiklen Phase ihrer Karriere, die Partei stritt gerade um ihren sozialpolitischen Kurs. In einigen Wochen stand der Leipziger Parteitag bevor, und noch stand nicht fest, dass die Radikalreformerin Merkel als Siegerin aus ihm hervorgehen würde.

Weil die Parteivorsitzende die Hohmann-Affäre verschleppte, beherrschte die öffentliche Empörung wochenlang die Medien. Doch wenn Merkel frühzeitig ein Machtwort gesprochen hätte, dann wäre sie die Parteivorsitzende gewesen, die scheinbar ohne zwingenden Grund den Parteifreund abservierte. Oder war am Ende, wie manche meinen, die Intervention der Verlegerin Friede Springer ausschlaggebend, die den Aufstieg Merkels zur mächtigsten Frau in der deutschen Politik mit großem Wohlwollen begleitete (und zwei Jahre später bei der Kanzlerwahl auf der Reichstagstribüne Kekse in Form der Buchstaben C, D, U verknusperte)? Immerhin hatte sie das Erbe ihres Mannes zu wahren, der die »Aussöhnung zwischen Juden und Deutschen« in die Redaktionsstatuten geschrieben hatte.

Die Frau, die einen Fehler angeblich immer nur einmal

macht, hat jedenfalls daraus gelernt. Als der baden-württembergische Ministerpräsident Günther Oettinger 2007 in seiner Freiburger Trauerrede den Amtsvorgänger und einstigen NS-Marinerichter Hans Filbinger von jeder Verstrickung in das Terrorregime reinwaschen wollte, war Merkel tags darauf am Telefon und zwang den Parteikollegen zum öffentlichen Widerruf. Als Benedikt XVI. einen erklärten Holocaust-Leugner 2009 wieder in den Schoß der Heiligen Kirche aufnahm, rüffelte sie den Deutschen auf dem Petrusstuhl öffentlich, als sei er ein CDU-Mitglied und unterstehe der Kommandogewalt der Parteivorsitzenden. Schließlich erklärte sie 2008 in ihrer Rede vor dem israelischen Parlament, die Sicherheit des Landes sei Bestandteil der deutschen Staatsräson – und fügte mit Blick auf das iranische Atomprogramm sehr konkret hinzu, das dürften »in der Stunde der Bewährung keine leeren Worte sein«.

Im Fall Oettinger funktionierten Merkels Instinkte. »Hans Filbinger war kein Nationalsozialist. Im Gegenteil: Er war ein Gegner des NS-Regimes«, hatte Oettinger am 11. April 2007, dem Mittwoch nach Ostern gesagt. »Es gibt kein Urteil von Hans Filbinger, durch das ein Mensch sein Leben verloren hätte.« Die Sätze widersprachen der historischen Evidenz. Der spätere Ministerpräsident hatte 1935 Gegner des Hitler-Regimes als »Schädlinge am Volksganzen« beschimpft und die Vollstreckung eines Todesurteils gegen einen jungen Fahnenflüchtling noch kurz vor Kriegsende persönlich überwacht. Schon einen Tag später, am Donnerstag, ließ die Kanzlerin den Ministerpräsidenten wissen, »dass ich mir gewünscht hätte, dass neben der

Würdigung der großen Lebensleistung von Ministerpräsident Hans Filbinger auch die kritischen Fragen in Zusammenhang mit der Zeit des Nationalsozialismus zur Sprache gekommen wären«. Sie hätte sich, so erläuterte sie, eine Differenzierung »insbesondere im Blick auf die Gefühle der Opfer und Betroffenen« gewünscht. Damit das alles der Öffentlichkeit nicht verborgen blieb, ließ sie ihren Parteisprecher die Sätze öffentlich bekanntmachen.

Oettinger brauchte ein paar Tage, um die Aussichtslosigkeit seiner Lage zu erkennen. Noch am Samstag glaubte er, mit einem halbgaren Dementi davonzukommen. »Soweit« es Missverständnisse gegeben habe, ließ er wissen, »bedaure« er sie ausdrücklich. Erst am Montag, nach der Sitzung der Parteigremien in Berlin, sprach er Klartext: »Ich distanziere mich davon.« Merkel hatte einen Sieg davongetragen, aber diesmal war der Konfrontationskurs für die mittlerweile fest etablierte CDU-Vorsitzende vergleichsweise risikolos gewesen: Es ging um nachprüfbare Fakten, und nach den Erfahrungen der Hohmann-Affäre konnte niemand im Ernst glauben, dass die CDU den Oettinger-Eklat unter den Tisch kehren könnte. »Angela hat uns gerettet. Aus Fürsorge«, räumte im Rückblick auch Georg Brunnhuber ein, der langjährige Chef der baden-württembergischen CDU-Abgeordneten im Bundestag. Als der Skandal hochkam, hatte er noch gesagt: »Wir stehen zu Oettinger, ohne Wenn und Aber.«

Anders lagen die Dinge, als Merkel zwei Jahre später den Papst kritisierte. Benedikt XVI. war weder ein CDU-Mitglied noch ein deutscher Ministerpräsident. Sein Handeln musste sich die Parteivorsitzende und Bundeskanzlerin nicht zurechnen lassen, anders als das Agieren ihrer Parteikollegen Hohmann oder Oettinger. Merkel konnte den Papst nicht aus Partei oder Fraktion ausschließen lassen, sie konnte nicht einmal beim Bundesverfassungsgericht seine Amtsenthebung beantragen. Sie sprach aber im Duktus einer Vorgesetzten. Für die Zurechtweisung nutzte sie eine Pressekonferenz mit dem kasachischen Präsidenten Nursultan Nasarbajew. Bei diesen kurzen Pressestatements werden nur wenige Fragen ausgewählter Journalisten zugelassen, bei Bedarf informiert man die betreffenden Medienvertreter im Voraus, nach welchen Themen es sich zu fragen lohnt. »Es geht darum«, sagte sie, »dass vonseiten des Papstes und des Vatikan sehr eindeutig klargestellt wird, dass es hier keine Leugnung geben kann.« Diese Klarstellung sei aus ihrer Sicht »noch nicht ausreichend erfolgt«. Es klang, als redete sie über einen Untergebenen oder über den Regierungschef eines Schurkenstaats.

Aber in welcher Eigenschaft sprach sie den Papst an? Als Oberhaupt der katholischen Kirche? Das wäre schwierig. Zwar sind Staat und Kirche in Deutschland, anders als in Frankreich, auf vielfältige Weise verschlungen. Aber die direkte Einmischung in die jeweils andere Sphäre gilt nicht als opportun. Von offenen Wahlaufrufen haben die deutschen Bischöfe seit Längerem Abstand genommen. Umgekehrt versagen es sich Politiker normalerweise, das Dogma der Jungfrauengeburt anzugreifen oder die kirchliche Sexualmoral zu kommentieren – es sei denn, daraus entsteht ein politisches Problem, wenn etwa ein katholisches Krankenhaus einem Vergewaltigungsopfer die medizinische Behandlung verwehrt. Wenn der römische Papst einen Bischof rehabilitiert, der in Großbritannien den Holocaust leugnet, dann ist der Bezug zur deutschen Politik allerdings schwer zu erkennen.

Wandte sich Merkel also an den Kollegen Benedikt XVI. in dessen Funktion als Oberhaupt des kleinsten Staates der Erde? Das wäre denkbar. Wenn allerdings der iranische Präsident Mahmud Ahmadinedschad wieder einmal routinemäßig den Holocaust leugnet, pflegt ihn Merkel nicht mit großem Auftritt ohne Zeitverzug zurechtzuweisen. Es bleibt nur die Version, die in Berlin für Merkels Handeln angeführt wird: Joseph Ratzinger werde in der Weltöffentlichkeit nun einmal als »deutscher Papst« wahrgenommen. Deshalb könne die Bundeskanzlerin nicht stumm bleiben, wenn er sich an der deutschen Staatsräson versündige.

Wieder war der schwäbische Christdemokrat Brunnhuber in Rom, und wieder geriet er mit der Parteivorsitzenden aneinander. »So kann man mit dem Papst nicht umgehen«, sagte er. Aber diesmal reagierte Merkel anders als bei der Auseinandersetzung um die Oettinger-Rede. Sie habe ihn gleich angerufen, sagte Brunnhuber später. Die Kanzlerin wies ihn nicht zurecht, sie bat vielmehr um Rat, wie sie die Katholiken wieder besänftigen könne.

Binnen 48 Stunden schloss Merkel ihren Frieden mit dem Vatikan. Vor derselben grauen Wand im Kanzleramt, vor der sie den Papst am Dienstag kritisiert hatte, äußerte sie am Donnerstag ihr Wohlwollen. Dass Benedikt XVI. den Holocaustleugner Richard Williamson zum Widerruf seiner Aussagen aufgefordert habe, sei »ein wichtiges und auch ein gutes Signal«, sagte Merkel. Am Wochenende telefonierte sie mit dem Kirchenoberhaupt, am Sonntag gaben Vatikan und Bundespresseamt dazu eine gemeinsame Stellungnahme ab, als hätten sie gerade ein Konkordat abgeschlossen: »Es war ein gutes und konstruktives Gespräch, getragen von dem gemeinsamen tiefen Anliegen der immerwährenden Mahnung der Schoah für die Menschheit.«

Diesmal hatte Merkel falsch kalkuliert. Natürlich nahm sie nichts zurück. Sie tat so, als sei der Papst auf ihr Anliegen eingegangen. Und sie opferte viel Zeit für Reisen zu den Katholiken. Den Höhepunkt dieser Auftritte, bei denen sie sich meist vage zu einem »christlichen Menschenbild« bekannte, bildete eine lange Grundsatzrede vor der Katholischen Akademie in München. Dort rühmte sie sogar die Schriften Joseph Ratzingers, die vermutlich nicht zur Lieblingslektüre der Vielleserin Merkel in ihrer Zeit an der Ostberliner Akademie der Wissenschaften gezählt hatten. »Der Papst hat, als er noch Kardinal war – in sehr spannenden Aufsätzen, wie ich finde –, darüber geschrieben, wie sich die Säkularisierung in unseren europäischen Ländern auswirkt und wie sie die Präsenz des Glaubens in der alltäglichen Entscheidung schleichend unterhöhlt«, sagte sie. Nach dieser kulturpessimistischen Betrachtung steuerte sie rasch auf ein sehr protestantisches Lob der Demut zu. Sie endete mit dem tautologischen Satz des Apostels Paulus, den Martin Luther zum Kernbestand seiner Theologie machte und der sich mühelos in Merkels Politikverständnis einfügt: »Zur Freiheit hat uns Christus befreit.«

Der Vorgang erstaunt umso mehr, als die ostdeutsche Protestantin anders als viele ihrer westdeutschen Glaubensgenossen eine durchaus präzise Vorstellung von der Trennung zwischen Staat und Kirche hat. Nach ihrem Eintritt in die CDU habe sie Schwierigkeiten damit gehabt, »dass es vor den Parteitagen Gottesdienste gab«, sagte sie einmal. »Für mich waren Gottesdienste etwas Persönliches, Privates.« Noch heute klingt es stets sehr floskelhaft, wenn sie sich auf Parteitagen zu christlichen Werten bekennt. Niemand weiß, ob sie jenseits ihrer tiefen kulturprotestantischen Prägung in einem engeren Sinne gläubig ist. Nach ihrem Religionsverständnis hat das die politische Öffentlichkeit wohl auch nicht zu interessieren.

Als das Kölner Landgericht drei Jahre später die Beschneidung eines muslimischen Jungen zur strafbaren Körperverletzung erklärte und damit eine Debatte auch über jüdische Zirkumzision auslöste, reagierte Merkel ähnlich entschieden. Mit ihrer Papstkritik hatte sie aus irdischen Gründen in die Autonomie einer Religionsgemeinschaft eingegriffen, nun suchte sie umgekehrt einen religiösen Ritus gegen Einsprüche aus der weltlichen Sphäre in Schutz zu nehmen. Wieder ging es um die Verteidigung dessen, was sie als deutsche Staatsräson betrachtet. Der Eindruck, 67 Jahre nach dem Ende der nationalsozialistischen Diktatur solle jüdisches Leben in Deutschland auf dem Umweg über das Beschneidungsverbot wieder unmöglich gemacht werden, durfte nach ihrer Ansicht gar nicht erst aufkommen. So kam es in der CDU-Vorstandssitzung vom 16. Juli 2012 zu dem Wort von der »Komikernation«, von dem zu Beginn des Buches die Rede war.

Das Thema war der Kanzlerin so wichtig, dass sie ein halbes Jahr nach dem Kölner Urteil noch einmal ganz grundsätzlich darauf zurückkam, kurz bevor der Bundestag das Gesetz beschloss, das die Straffreiheit des Eingriffs sicherstellt. In ihrer Dankesrede für den Heinz-Galinski-Preis widmete sie lange Passagen der Beschneidungsdebatte. »Es ist traurig, dass es überhaupt dieses Gesetzes bedarf«, sagte sie, und sie kritisierte, dass »in manchen Äußerungen jede Hemmschwelle verloren zu gehen schien, Juden und Muslimen in Deutschland endlich einmal zu sagen, was gut für sie sei und was die anderen von ihnen hielten, wenn sie dem nicht folgten«. Am Umgang mit Minderheiten entscheide sich jedoch die Menschlichkeit einer Gesellschaft. Wo »gesunder Menschenverstand« nicht ausreiche, sei die Politik gefordert.

Ziemlich unvermittelt ging Merkel in der Rede von der Beschneidungsfrage zum Atomkonflikt mit dem Iran über. »Das führt uns auch zu der Frage, wie sich die politischen Gewichte in der arabischen Welt verschieben, welche Rolle der Iran spielt, dessen Atomprogramm wir mit größter Sorge sehen, oder wie sich die Lage in Syrien weiterentwickelt und was das alles für die Sicherheit Israels bedeutet«, sagte sie, und sie fügte hinzu: »Die Sicherheit Israels ist Teil der Staatsräson der Bundesrepublik Deutschland. Wir sind nicht neutral.« Es war sinngemäß der Satz, den sie schon fast fünf Jahre zuvor in ihrer Rede vor der Knesset geäußert hatte. Das war am 18. März 2008, Angela Merkel durfte als erste ausländische Regierungschefin vor dem israelischen Parlament sprechen. »Diese historische Verantwortung Deutschlands ist Teil der Staatsräson meines Landes. Das heißt, die Sicherheit Israels ist für mich als deutsche Bundeskanzlerin niemals verhandelbar«, sagte sie. Damals lautete der entscheidende Satz: »Und wenn das so ist, dann dürfen das in der Stunde der Bewährung keine leeren Worte bleiben.« Müssten deutsche Soldaten also gegen den Iran zu Felde ziehen, falls Israel einen Präventivkrieg gegen das Regime in Teheran beginnen sollte?

Der neu gewählte Bundespräsident Joachim Gauck wiederholte Merkels Formulierung nicht, als er im Mai 2012 dem jüdischen Staat eine seiner ersten Auslandsreisen widmete. »Wir stehen an Ihrer Seite, wenn andere die Sicherheit und das Existenzrecht Israels in Frage stellen«, sagte er lediglich. Von »Staatsräson« oder von einer »Stunde der Bewährung« sprach er nicht. Er forderte die israelische Regierung im Gegenteil dazu auf, von militärischen Aktionen abzusehen: »Wir unterstützen Sie, wenn sich Israel gemeinsam mit seinen Nachbarn bemüht, einen dauerhaften Frieden zu schaffen.« Nach einer Unterstützung auch im Krieg klang das nicht. Der Beifall einer deutschen Öffentlichkeit, die Merkels Zusage mehrheitlich als leichtfertig und gefährlich empfand, war dem Staatsoberhaupt sicher.

Die Reaktion auf Gaucks Absetzbewegung dürfte Merkel in ihrer Meinung über die Deutschen bestätigt haben. »Zur Lebenswirklichkeit heute gehört auch, dass antisemitische und fremdenfeindliche Ansichten in manchen Teilen unserer Bevölkerung unverändert auf Zustimmung stoßen«, sagte sie in ihrer Dankesrede für den Galinski-Preis. Fast 40 Prozent der Deutschen stimmten dem Satz zu, »dass viele Juden versuchten, aus der Vergangenheit des Dritten Reichs heute ihren Vorteil zu ziehen«, zitierte sie aus dem Antisemitismusbericht der Bundesregierung. »38,4 Prozent bejahten den Satz, sie könnten bei der Politik, die Israel mache, gut verstehen, dass man etwas gegen Juden habe«, fügte sie hinzu. »Ich habe deshalb durchaus Verständnis dafür, wenn angesichts dessen manch einer fragt, wie man als Jude hierzulande eigentlich offen leben kann.«

Die Zahlen unterscheiden sich nicht wesentlich von denen anderer Länder. In osteuropäischen Staaten wie Polen oder Ungarn sind die Werte deutlich höher, in westeuropäischen Ländern wie Großbritannien, Italien oder den Niederlanden etwas niedriger. Allerdings wurde der Mord an den europäischen Juden nicht in Warschau oder London beschlossen, sondern in Berlin, das verleiht den deutschen Zahlen eine andere Bedeutung. Wenn sich Merkel auf diese Umfrage beruft, dann hält sie das von ihr regierte Volk offenbar zu beträchtlichen Teilen für historisch unbelehrbar. Dieser Vorwurf ist von anderem moralischen Gewicht als die Klage über eine mangelnde Reformfreude der Deutschen, die Merkel gleichfalls gern erhebt.

Das tiefe Misstrauen gegenüber der eigenen Bevölkerung war geradezu ein Kontinuum der deutschen Nachkriegspolitik. Schon die Verfassungsgeber von 1949 bauten ins Grundgesetz eine ganz Reihe von Sicherungen für den Fall ein, dass erneut eine Mehrheit der Deutschen für antidemokratische Parteien stimmen sollte. Von Adenauer bis Kohl sahen führende Politiker in der europäischen

Einigung eine Garantie gegen mögliche Eskapaden der Deutschen. Die Skepsis gegenüber dem eigenen Land war in der Bundesrepublik lange Zeit das stärkste Motiv, eigene Souveränitätsrechte zugunsten eines größeren politischen Gebildes aufzugeben. Noch der Regierungsumzug nach Berlin wäre beinahe an der Furcht gescheitert, ein Umzug in die frühere Reichshauptstadt werde die Gespenster der deutschen Geschichte wieder auferstehen lassen. Spätestens seit dem Freudentaumel der Fußball-Weltmeisterschaft von 2006 galt die Gefahr vielen Beobachtern als gebannt. Zum ersten Mal seit der Reichsgründung von 1871 hätten die Deutschen ein entspanntes Verhältnis zu ihrer Nation gefunden, hieß es, fröhlich, friedlich und tolerant. Die Kanzlerin jubelte damals im Stadion kräftig mit, aber an dieses harmonische Ende der Geschichte glaubt sie offenkundig nicht.

Manche halten Merkels Bekenntnis zum deutschen Judentum und zum Staat Israel vor allem für einen Lerneffekt aus ihren Fehlern in der Affäre Hohmann, andere sehen darin eine ihrer wenigen politischen Überzeugungen. Wenn es einen solchen Kernbestand ihres politischen Denkens gibt, dann zählt dazu auch das Bekenntnis zu Kapitalismus und Marktwirtschaft.

KAPITEL 8:
KAPITALISMUS

Das Bekenntnis zum Westen mochte nicht erstaunlich sein für die Aktivistin einer ostdeutschen Partei, die fünf Tage zuvor ein Wahlbündnis mit der CDU geschlossen hatte. Aber die Art, wie sie diesen Entschluss mit rein ökonomischen Argumenten begründete, erstaunte doch – wenn man bedenkt, welche heimliche oder offene Verachtung viele Bürgerbewegte in der DDR gegenüber dem schnöden Mammon hegten. »Dreh- und Angelpunkt unserer weiteren Entwicklung ist die Konsolidierung der wirtschaftlichen Lage«, schrieb die Vertreterin des »Demokratischen Aufbruch« am 10. Februar 1990 in der *Berliner Zeitung,* die damals noch unter der Obhut der gerade umbenannten PDS erschien. »Wenn es uns nicht gelingt, im Rahmen einer neuen Wirtschaftsordnung Werte zu erwirtschaften, können wir im sozialen und ökologischen Bereich auch nichts verteilen.« Zum Beweis, dass sie sich wirklich eingearbeitet hatte, griff sie tief in die westdeutsche Geschichte der Nachkriegszeit zurück: »In dieser Hoffnungslosigkeit entwarfen Ludwig Erhard (CDU) u. a. (W. Eucken, F. Böhm und A. Müller-Armack) das phantastisch anmutende Konzept, die Wirtschaft nur noch über den Wettbewerb und über den Markt zu steuern.«

Die Autorin hieß Angela Merkel. Sie war damals 35 Jahre alt – zu jung, um wie die meisten Bürgerrechtler in idealistischer Distanz zum Kapitalismus zu verharren, aber älter als das Gros der jungen Leute, die im Jahr zuvor mit ihrer massenhaften Flucht nach Westen das DDR-System zum Einsturz gebracht hatten. Sie hatten in der grauen DDR für sich keine Perspektive mehr gesehen und ganz ohne Erhard-Lektüre auf ihrer »Lust auf Konsum« beharrt, wie die Publizistin Susanne Leinemann schrieb. Dass die ostdeutschen Jugendlichen in ihrer Konsumorientierung den westdeutschen Altersgenossen ähnelten und gerade dadurch den politischen Umsturz bewirkten, nahm man in der Bundesrepublik seinerzeit kaum wahr. Dafür waren sie der West-Jugend äußerlich zu unähnlich und in den meisten Fällen auch schon zu erwachsen. Im Westen machte man sich über diesen Habitus gern lustig, das Titelbild einer Satirezeitschrift zeigte die 17-jährige »Zonen-Gaby« mit Dauerwelle und geschälter Gemüsegurke: »Meine erste Banane.« Über derlei Bedürfnisbefriedigung wähnten sich die Westdeutschen erhaben, erst recht in intellektuellen Kreisen. Sie hielten sich für postmodern, postheroisch – und postmaterialistisch. Sie konnten ihr politisches und ökonomisches System nur deshalb so hart kritisieren, weil sie es im Grunde als alternativlos ansahen. Bei den meisten Ostdeutschen war es umgekehrt: Sie wollten den Wohlstand des Westens, mehrheitlich wohl auch dessen Regierungssystem als politisches Mittel zum ökonomischen Zweck. Aber sie machten gerade die elementare Erfahrung, dass kein System eine Ewigkeitsgarantie besaß.

Diese Erkenntnis nahm auch Merkel aus der Umbruchzeit mit. Die Schlussfolgerung, dass ein ökonomisch ineffizientes System zum Untergang verurteilt ist, zieht sich durch Merkels Äußerungen von 1990 bis heute. Vom Menschenrechtspathos ostdeutscher Bürgerrechtler oder westdeutscher Antikommunisten ist das weit entfernt. »Die Liebe zur Freiheit wäre auch in der alten Bundesrepublik ohne stabile D-Mark nicht so groß gewesen«, sagte sie einmal. Diese Perspektive entspricht der Art und Weise, wie in der alten Bundesrepublik jenseits von Festreden über den Osten gesprochen wurde, und sie folgt den historischen Fakten: Die kommunistischen Länder verloren den Wettlauf gegen den Westen vor allem ökonomisch. Ob bei besserer Wirtschaftslage und der Möglichkeit zu Urlaubsreisen der Verzicht auf Demokratie und Bürgerrechte zum Einsturz des Systems geführt hätte, bleibt auch mit Blick auf das heutige China eine offene Frage.

Der umstrittenste Satz, den die Kanzlerin im Verlauf der europäischen Schuldenkrise sagte, gehört in diesen Zusammenhang. »Insofern werden wir Wege finden, die parlamentarische Mitbestimmung so zu gestalten, dass sie trotzdem auch marktkonform ist«, sagte Merkel am 1. September 2011 auf einer gemeinsamen Pressekonferenz mit dem portugiesischen Ministerpräsidenten. Ein Journalist hatte danach gefragt, ob die Mitwirkungsrechte des Bundestags die Schlagkraft des europäischen Stabilisierungsfonds EFSF beeinträchtigen könnten. Das Zitat wurde in der öffentlichen Debatte auf den Begriff der »marktkonformen Demokratie« verkürzt, der dann zum »Unwort des Jahres« gekürt wurde. Merkel artikulierte mit dieser Äußerung vor allem ihren Unmut über die bisweilen überzogenen Anforderungen der Deutschen an die Demokratie auf europäischer Ebene, während die Kungeleien zu Hause, etwa der Ministerpräsidenten im Bundesrat, sehr viel gnädiger bewertet werden. Aber ihre Überzeugung, dass sich der politische Erfolg eines demokratischen Systems von seiner wirtschaftlichen Leistungskraft nicht trennen lässt, steckt eben auch in diesen leichtfertig dahingesagten Worten.

Der Mangel an ökonomischer Effizienz war für die Bürger der späten DDR nicht zu übersehen, erst recht nicht für eine Physikerin, die wegen veralteter Computertechnik ganze Tage mit dem Warten auf Rechenergebnisse vertat. Während der ersten beiden Nachkriegsjahrzehnte fiel die ökonomische Diskrepanz zwischen den Systemen noch nicht so stark ins Auge. Damals sorgte sich der Westen bisweilen, er könne diesen Wettlauf am Ende auch verlieren. Erst mit dem Wandel zur hedonistischen Konsumökonomie seit den Siebzigerjahren verlor die DDR den Anschluss. So erging es seither den meisten konservativ-hierarchisch organisierten Gesellschaften.

Öffentlich machte Merkel von diesen Einsichten nur zurückhaltend Gebrauch. In ihren Ämtern als Frauen- und Umweltministerin trat sie kaum als Wirtschaftspolitikerin hervor, obwohl die Themen starke ökonomische Bezüge hatten. Erst als die CDU-Vorsitzende nach Stoibers gescheiterter Kanzlerkandidatur von 2002 unter dem Druck stand, sich auf einem machtpolitisch zentralen Politikfeld mit klaren Standpunkten zu profilieren, stellte sie ihr Plädoyer für die Marktwirtschaft wieder in den Mittelpunkt. Im Wahlkampf 2005 erwies sich das Programm aber nicht als wählerwirksam, die Parteivorsitzende legte es deshalb erst einmal zu den Akten.

Nach Ausbruch der Euro-Krise zog Merkel ihre wirtschaftspolitische Reformagenda wieder hervor, um unter dem Applaus des heimischen Publikums die Nachbarn auf dem Kontinent zu Wirtschaftsreformen aufzufordern. »Europa hat etwa sieben Prozent der Weltbevölkerung. Europa ist für knapp 25 Prozent der weltweiten Wirtschaftsleistung verantwortlich. Und Europa hat 50 Prozent der weltweiten Sozialausgaben«, so oder ähnlich sagte sie es in der Euro-Krise immer wieder. Das ist die Melodie, die sie allerorten anstimmt: Um nicht unterzugehen wie einst Erich Honecker mit seiner »Einheit von Wirtschafts- und Sozialpolitik«, müssen wir das Geld für unseren Sozialstaat erst einmal verdienen, müssen wir besser sein als Chinesen, Inder, Brasilianer.

Auf dem Höhepunkt der Reformeuphorie sprach Merkel von der »neuen sozialen Marktwirtschaft«. Angesichts der Leipziger Beschlüsse zu Kopfpauschale oder Einfachsteuer konnte das nur so zu verstehen sein, dass die »neue« Marktwirtschaft weniger »sozial« sein sollte als die alte. Eindeutig formuliert hat Merkel das allerdings nie. Seit geraumer Zeit lässt sie den Zusatz wieder weg. Damit soll die »soziale Marktwirtschaft« erneut als der Konsensbegriff erscheinen, der sie in der alten Bundesrepublik gewesen ist. Jeder darf sich selbst aussuchen, ob er das Soziale lauter ausspricht oder den Markt. Damit ist das politische Spektrum von der Linkspartei bis zur FDP ebenso abgedeckt wie die fast so große Bandbreite innerhalb der eigenen Partei, vom Wirtschaftsflügel bis zur christlichen Arbeitnehmerschaft.

Das Bild, das Merkel 1990 von der Bundesrepublik entwarf, deckte sich nur bedingt mit der Selbstwahrnehmung der Westdeutschen. Zwar war der Begriff der »Marktwirtschaft« damals noch ausgesprochen populär, mit oder ohne den Zusatz »sozial«. Das galt aber nur in scharfer Abgrenzung zum »Kapitalismus«, der in Deutschland schon immer weit weniger beliebt war. Das Wort »Markt« stand für das Kleine und Überschaubare, für die Bauersfrau, die mittwochs und samstags vor dem Rathaus den selbst gezogenen Blumenkohl verkauft. Es stand für einen staatlich regulierten und gehegten Wettbewerb, der berechenbar blieb und für ehrliche Anstrengung ehrliches Geld versprach, also die eigene Leistung belohnte und nicht bloß den oft willkürlichen Erfolg. Die »soziale« Marktwirtschaft war mithin kein Widerspruch in sich, sondern die Fortsetzung dieser Leistungsgesellschaft mit anderen Mitteln: Wer in die Rentenkasse viel eingezahlt hat, bekommt hinterher viel heraus; wer viele Jahre lang gearbeitet hat, wird im Fall einer Kündigung entsprechend länger Arbeitslosengeld beziehen.

Ungleichheit war in einem solchen Bezugssystem akzeptabel, aber nur, solange dabei auch am unteren Ende der sozialen Skala ein Mehrwert heraussprang. Der langjährige Ministerpräsident von Mecklenburg-Vorpommern, Harald Ringstorff, verdeutlichte das gerne mit einem anschaulichen Bild. Angenommen, alle Leute im Land hätten nur trockenes Brot zu essen. Was geschähe, wenn man ihnen allen zusätzlich Butter anböte – unter der Voraussetzung, dass einige wenige sogar Kaviar bekämen? Die meisten Ostdeutschen, so Ringstorffs These, gäben dann der Gleichheit den Vorzug und verzichteten auf die Butter. Die Westdeutschen hatten in den Jahrzehnten des Wirtschaftswunders mit dem Kaviar für die oberen Zehntausend kein Problem, weil sie sahen, dass tatsächlich genügend Butter für die kleinen Leute übrig blieb.

Dieser Glaube, dass sich gesamtwirtschaftlicher Erfolg auf den eigenen Geldbeutel überträgt, ist in den zwei Jahrzehnten seit der Wiedervereinigung geschwunden. An Überzeugungskraft eingebüßt hat auch das Versprechen auf gesellschaftlichen Aufstieg, das schon in der alten Bundesrepublik seltener eingelöst wurde als im Rückblick gern behauptet. Der Sozialstaat Adenauerscher Prägung kompensierte, wie schon Bismarcks Vorläufer, mit seinen statussichernden Leistungen auch fehlende soziale Durchlässigkeit. Wer selbst aufs Gymnasium gegangen war, brachte seine Kinder meist ebenfalls durchs Abitur, wie unbegabt sie sein mochten. Eltern aus bildungsfernen Schichten schärften ihrem Nachwuchs hingegen oft ein, er solle bei seinen Leisten bleiben. Das war für fast alle Beteiligten auch bequem – zumindest, solange an gering qualifizierten Jobs kein Mangel war.

Die Abneigung gegen den schrankenlosen Kapitalismus ist in Deutschland alt, sie umfasste alle politischen Lager. Die marxistische Linke würdigte ihn immerhin noch als Durchgangsstadium zum Sozialismus, mithin als historischen Fortschritt im Vergleich zur vormodernen Feudalgesellschaft. Viele Konservative und Liberale sahen in ihm dagegen den großen Zerstörer abendländischer Kultur. So ließ der liberale Historiker Theodor Mommsen in seiner »Römischen Geschichte« kaum eine Gelegenheit aus, über die »argen Sünden gegen Nation und Zivilisation« herzuziehen, die »in der heutigen Welt das Kapital« begangen habe. Der Import von Luxusprodukten aus allen Teilen der Welt, ein Ausdruck antiker Globalisierung, galt dem strengen Historiker und späteren Literaturnobelpreisträger als tadelnswert. Er rief sogar nach einer Art Sittenpolizei, die Austern und Wachteln von den Tischen der Reichen einsammeln sollte.

Bis heute ist sich eine große Mehrheit der Deutschen einig, wo die Übel des modernen Kapitalismus ihr geografisches Zentrum haben: in den Vereinigten Staaten von Amerika, die von der Kanzlerin so bewundert werden. Den Europäern mit ihrem Sinn für feine Unterschiede war die Herrschaft des Geldes, dieses großen Gleichmachers, suspekt. Als der Konservative Alexis de Tocqueville im frühen 19. Jahrhundert Amerika bereiste, staunte er über das Ausmaß an Gleichheit in der dortigen Gesellschaft. Hingegen vermisste er auf dem neuen Kontinent die altständischen Freiheiten, die seine Schicht im vorrevolutionären Europa genossen hatte. Der Historiker Mommsen sprach sogar von »Nordamerikas Drachensaat«, allerdings bezog er das vor allem auf die Sklaverei, die in der Mitte des 19. Jahrhunderts noch nicht abgeschafft war.

Ein ähnliches Urteil fällten die großen deutschen Soziologen Max Weber, Werner Sombart und Ferdinand Tönnies, die 1904 anlässlich eines internationalen Kongresses die Neue Welt bereisten – die »Erfindung Amerikas in der Kulturkritik«, wie es der Historiker Georg Kamphausen nannte. Für das Land interessierten sie sich nicht besonders, denn ihr Urteil stand schon im Voraus fest: Kulturloses Erwerbsstreben habe jenseits des Atlantiks sittliche Werte an den Rand gedrängt. Darin sahen die Experten bereits eine Vorschau auf die triste Zukunft, die der Kapitalismus auch Europa bescheren werde. Die mechanisierten, rationalisierten, disziplinierten Abläufe von Bürokratie, Industrie und Massenkonsum würden das Individuum künftig seiner Freiheiten berauben, ungefähr so, wie es Charlie Chaplin drei Jahrzehnte später in seinem Film »Modern Times« vorführte.

In diesen Fragen war auch Merkels verstorbener Vater, der Pfarrer Horst Kasner, ein typischer Vertreter des deutschen Bildungsbürgertums. Auf einer Demonstration gegen den Bau einer Schweinemastanlage im uckermärkischen Hassleben rechnete er 2004 mit der Unmoral der Märkte ab. »Was zählt, ist das Geld. Für die Produzenten: Gewinne machen; ein ›Schweinegeld‹ verdienen. Und für die Konsumenten: Kaufen, möglichst billig kaufen und mehr als man braucht«, sagte er. »Marktwirtschaftlich sollen wir denken, wird uns eingehämmert, und nicht nachdenken. Alles soll Markt werden, auch die Natur. Mache dich frei von moralischen Bedenken.«

Auch die Vertreter des politischen Liberalismus schrecken hierzulande davor zurück, sich den Kräften des freien Marktes auszusetzen. Kein Minister der FDP, die unter dem Vorsitz Guido Westerwelles kompromisslos die Staatsferne predigte, hat je in einem Unternehmen der freien Wirtschaft gearbeitet. Vertreten war die FDP im Kabinett zunächst durch den Amtsdirektor Rainer Brüderle, die Patentbeamtin Sabine Leutheusser-Schnarrenberger, den Bundeswehrarzt Philipp Rösler, den Zeitsoldaten und Arbeitsvermittler Dirk Niebel – und durch den Rechtsanwalt Guido Westerwelle, der vor seiner Parteilaufbahn nur drei Jahre in der Kanzlei seines Vaters praktizierte. Der Nachrücker Daniel Bahr hatte zwar in jungen Jahren eine Banklehre absolviert, wechselte dann aber direkt von der Hochschule in den Bundestag. Entsprechend realitätsfern und abgehoben klingen oft die Plädoyers dieser Politiker für radikale Marktfreiheit, zumal es in der politischen Praxis nicht selten darum geht, Rechtsanwälte, Ärzte oder Apotheker vom scharfen Wind des Marktes abzuschirmen.

Als großer Zähmer des Kapitalismus trat in Deutschland der Konservative Otto von Bismarck auf. Mit seinen Gesetzen über die Kranken-, Unfall- und Rentenversicherung legte er die Fundamente des modernen deutschen Sozialstaats. Und selbst Ludwig Erhard, der populäre Wortschöpfer der »sozialen Marktwirtschaft«, blieb nicht mit einem Freiheits-, sondern mit einem Gleichheitsmythos in Erinnerung. Einer verbreiteten Legende zufolge haben alle Westdeutschen ihren Weg ins Wirtschaftswunder mit der identischen Summe von 40 Mark begonnen, die Erhard bei der Währungsreform 1948 an sämtliche Bewohner der »Trizone« austeilen ließ.

Es sind nicht zufällig Außenseiter, die den Wert des Geldes wieder ins deutsche Bewusstsein rücken. Angela Merkel, die Lobrednerin des Kapitalismus, kam 1990 als

Fremde ins politische System der Bundesrepublik. Hundert Jahre zuvor war es der jüdische Soziologe Georg Simmel, der in seiner »Philosophie des Geldes« über jene Freiheit und Distanz schrieb, mit denen die abstrakteste aller menschlichen Erfindungen untrennbar verbunden ist. Für den Gebrauch des Geldes wie des Intellekts braucht der Mensch Distanz – jene Distanz, die nötig ist, um Dinge nüchtern und kritisch zu betrachten. »Der indizierte Partner für das Geldgeschäft«, schreibt Simmel, »ist die uns innerlich völlig indifferente, weder für uns noch gegen uns engagierte Persönlichkeit.« Am besten geeignet ist also der Fremde. Gerade wegen ihrer Fremdheit in der christlichen Umwelt habe das insbesondere auf jüdische Intellektuelle und Geschäftsleute zugetroffen, glaubte der jüdische Soziologe.

Die konservativen Massen begegneten einer solchen Geisteshaltung von Anfang an skeptisch. Schon im alten Athen, so Simmel, habe das Volk eine Aversion gegen den »Intellektualismus der Sophisten und des Sokrates« gehegt. Das »neue, unheimliche Machtmittel des Geistes« habe »seine aller überlieferten Schranken spottende Macht zuerst so oft im Niederreißen« gezeigt – »neutral und herzlos wie das Geld«. Doch der Vormarsch von Geld und Geist blieb unaufhaltsam. Geld ersetzte die persönlichen Bindungen der ständischen Gemeinschaft durch die anonymen Abhängigkeiten der modernen Gesellschaft. Die persönliche Lebensführung war nicht mehr durch Geburt und Einbindung ins Kollektiv bestimmt. Jeder, der über Geld verfügte, konnte über seinen Weg tagtäglich selbst entscheiden. Darin sah Simmel, gegen alle Kulturpessimisten seiner Zeit, den großen kulturellen Fortschritt. Eine ähnliche Erfahrung machten die Bürger der DDR: Mit Westgeld in den Händen waren sie nicht mehr auf die Willkür staatlicher Zuteilungen und persönlicher Beziehungen angewiesen.

Der amerikanische Historiker Steven Ozment hat versucht, die Politik der Kanzlerin in der Euro-Krise auf deren protestantische Wirtschaftsethik zurückzuführen. »Ihre Politik beruht unverkennbar auf einem enthaltsamen und opferbereiten Protestantismus, der zugleich barmherzig und fair ist«, schrieb Ozment im August 2012 in der *New York Times*. »Wer in einer Zeit der Not von der Gesellschaft nimmt, bekommt und profitiert, der hat eine moralische Verantwortung, es der Gesellschaft zurückzuzahlen.« Wie der Regierungschefin, so gehe es auch den meisten Bewohnern des von der Reformation geprägten Landes. »Sie halten strikt an ihrem Glauben fest, dass das menschliche Leben nicht in schnorrenden Städten und verschwenderischen Ländern gedeihen kann.« Tatsächlich ist Deutschland noch immer ein Land mit einer vergleichsweise hohen Sparquote, dessen Bewohner nicht sämtliche Früchte ihrer Arbeit kurzfristig konsumieren. Wenn überhaupt, dann geben sie ihr Geld am liebsten für werthaltige Anschaffungen wie Autos, Flachbildschirme oder teure Espressomaschinen aus, statt es wie die Italiener in gute Kleidung und ordentliches Essen umzusetzen und im Gegenzug ihren Espresso in der nächstgelegenen Bar einzunehmen.

Sehr klug ist das zwar nicht, denn kaum irgendwo ist der Anteil von Immobilienbesitzern an der Gesamtbevölkerung so niedrig wie in Deutschland, und mit kaum einem Konsumgut lässt sich in kurzer Zeit so viel Geld vernichten wie mit dem Auto, das den Deutschen traditionell lieb ist. Das hat Anfang 2013 auch eine viel beachtete Vermögensstatistik der Europäischen Zentralbank bestätigt. Aber der Bestand an toten Vermögenswerten sagt über die wirtschaftliche Dynamik eines Landes wenig aus, und es tut der Gültigkeit einer sozialen Norm keinen Abbruch, wenn sie durch Selbsttäuschung erfüllt wird.

Zu diesem Wertekanon gehörte für die erste Nachkriegsgeneration eine ans Pathologische grenzende Sparsamkeit. Heute ist in keinem Land der Preiskampf im Lebensmittelhandel so hart wie in Deutschland, wo Leute den Butterpreis bei Aldi und Lidl vergleichen und für ein paar Cent Ersparnis große Umwege in Kauf nehmen. Nicht Geldgier ist die treibende Kraft hinter solchen Butterfahrten, sondern ein festes Wertegerüst, das mangelnde Sparsamkeit als verwerfliche Nachlässigkeit diskreditiert. Wer den Sprit fürs Auto gedankenlos an einer beliebigen Tankstelle kauft, befindet sich bereits auf der schiefen Bahn zu einer haltlosen Existenz – es sei denn, er entscheidet sich bewusst für Markensprit, weil dieser dem Motor seines teuren Gefährts angeblich besser bekommt.

»Geiz ist geil«: Der Werbespruch einer deutschen Elektronik-Kette, der gern als Beleg für neue Untugenden herangezogen wird, entspricht in der Sache einer in Deutschland sehr alten Alltagsmoral. Die Pointe ist, dass die Tugend der Enthaltsamkeit im Konsumkapitalismus neuen Typs kontraproduktiv wirkt. Der amerikanische Soziologe Daniel Bell beschrieb dieses Phänomen schon 1976 in seinem Buch *Die kulturellen Widersprüche des Kapitalismus.* Während der Einzelne in der Arbeitswelt seine Bedürfnisse zügeln solle, werde er in der Freizeit zum Hedonismus angehalten: »Man hat am Tage ›korrekt‹ und am Abend ein ›Herumtreiber‹ zu sein.« Die fortschreitende Vermischung beider Sphären, die damals kaum begonnen hatte, macht die Verhältnisse nicht einfacher. So ist die Ethik des Verzichts, die Merkels Vater angesichts der Schweinemastanlage predigte, heute kaum noch durchzuhalten. Jedenfalls würde ein solches Verhalten die Volkswirtschaft schädigen. Lässt die Konsumlaune der Bevölkerung nach, was in einer Überflussgesellschaft leicht passieren kann, greift der Staat mit Abwrackprämien ein. In der Sprache der Ökonomen formuliert: Unter den Nachwirkungen von Luthers Kapitalismuskritik leidet in Deutschland bis heute die Binnennachfrage.

Politisch sind Lob und Kritik des Kapitalismus kaum in ein Links-Rechts-Schema einzuordnen. Der Regisseur Nicolas Stemann, einer der politisch hellsichtigsten unter den jüngeren Theaterleuten, wies darauf 2008 in einem Streitgespräch mit seinen Kollegen aus der Achtundsechziger-Generation hin. Erst deren Revolte, so Stemann in der Zeitschrift *Theater heute,* habe mit dem Ruf nach der Emanzipation des Individuums der Konsumgesellschaft den Weg gebahnt. »War aber diese Bewegung nicht deshalb so erfolgreich«, fragte der Regisseur, »weil in ihr viele Bedürfnisse artikuliert wurden, die für einen neoliberalen globalen Kapitalismus sinnvoll sind?« Heute ruft in der Tat kaum jemand lauter als die Arbeitgeberverbände nach einer stärkeren Erwerbsbeteiligung von Frauen. Die

Werbebranche rühmt die Konsumkraft der Kinderlosen, die unter den Achtundsechzigern allerdings gar nicht so zahlreich waren wie unter den »Yuppies« späterer Jahre. Und der einst heiß umstrittene Heimatbegriff der Konservativen ist durch die flexible Erwerbsgesellschaft längst zu einem liebenswerten Relikt geworden.

Verliefen nach 1968 gesellschaftliche und ökonomische Liberalisierung synchron, so ging zuvor der Konservatismus der Adenauer-Ära mit einem stark reglementierten Wirtschaftsleben einher. Völlig »frei«, wie Merkel in ihrem Artikel für die *Berliner Zeitung* suggerierte, war die Marktwirtschaft Ludwig Erhards nur im Vergleich zur NS-Kriegsökonomie, der Planwirtschaft der Sowjetischen Besatzungszone oder der alliierten Zwangsbewirtschaftung im ruinierten Westdeutschland. Im Vergleich zu heutigen Verhältnissen blieb die Wirtschaft der frühen Bundesrepublik in einem Maß reglementiert, das heute kaum noch vorstellbar ist. Seit 1957 bestimmte das »Gesetz über den Ladenschluss«, dass sämtliche Geschäfte Montag bis Freitag um 18.30 Uhr sowie samstags um 14 Uhr schließen mussten, die Sonntagsruhe war strikt einzuhalten. Bis zum Inkrafttreten des neuen Familienrechts im Jahr 1977 stand die Arbeitskraft von verheirateten Frauen dem Markt nur dann zur Verfügung, wenn der Ehemann seine schriftliche Einwilligung dazu gab. Der Verkauf von Briefmarken galt als eine hoheitliche Aufgabe, die nur von Beamten erledigt werden durfte, die Bahn war als Behörde organisiert, und die nationale Fluggesellschaft besaß ein Monopol. Die D-Mark ließ sich erst seit Anfang 1959 unbeschränkt in andere Währungen umtauschen, und der gemeinsame europäische Binnenmarkt mit der Freizügigkeit von Personen, Waren, Dienstleistungen und Kapital ließ bis 1993 auf sich warten.

Aus der Perspektive der DDR-Bürgerin hatte Merkel nicht wahrgenommen, wie reglementiert und sicherheitsorientiert das bundesrepublikanische System war. »Wir können nicht mit Risiken umgehen«, warf sie noch im Jahr 2005 den Deutschen ganz offen vor. »Das Sicherheitsbedürfnis ist extrem ausgeprägt, die Risikobereitschaft ist unterentwickelt.« Solche Sätze brachten der CDU-Vorsitzenden zeitweise den Ruf einer Neoliberalen ein. Aber selbst auf dem Höhepunkt ihrer Reformbegeisterung machte sie sich, anders als der Journalist Stephan Hebel jüngst in einem Buch behauptet hat, niemals ein geschlossenes wirtschaftsliberales Weltbild zu Eigen. Es war schlicht die biografische Prägung, die sie dazu brachte, die Regulierungen der alten Bundesrepublik mit fremden Augen zu betrachten, sie als liebe Gewohnheiten oder allzu kuschelige Sicherheitskissen anzusehen.

Man muss die konservative Kritik an Merkels Politik deshalb von der Kritik des Wirtschaftsflügels unterscheiden. Zeitweise wurden die beiden Strömungen als Einheitsfront gegen eine CDU-Vorsitzende wahrgenommen, die ihre Partei nach dem Vorbild des frühen Helmut Kohl stärker in die politische Mitte rücken wollte. In Wahrheit handelt es sich um zwei grundverschiedene Weltanschauungen. Auch deshalb konnte sich die erste Frau an der Parteispitze gegen ihre Widersacher stets behaupten.

Der Ausbruch der Finanzkrise im Herbst 2008 erschütterte Merkels Zutrauen in den Kapitalismus nicht grundsätzlich. Wohl aber ließ die Krise in ihren Augen das Ansehen der Wirtschaftsexperten und eines Teils der Wirtschaftselite rapide schwinden. In den Jahren vor dem großen Bankencrash 2008 hatten die Sachverständigen die Zögerlichkeit und Inkompetenz der politischen Klasse angeprangert und bei ihren Auftritten in Talkshows für jedes Problem eine Lösung präsentiert, deren Praxistauglichkeit sie nie unter Beweis stellen mussten. Nun waren sie vollkommen überrascht von dem, was nach dem Platzen der amerikanischen Immobilienblase und dem Zusammenbruch der Lehman-Bank in der globalen Finanzwirtschaft geschah.

Mit dem Versuch, politische Entscheidungen an Experten zu delegieren, waren beide politischen Lager bereits zuvor gescheitert. Die Einschaltung des Steuerfachmanns Paul Kirchhof in den Bundestagswahlkampf 2005 kostete die CDU-Vorsitzende Merkel beinahe die schon sicher geglaubte Kanzlerschaft. Ihr sozialdemokratischer Vorgänger Gerhard Schröder verlor die Wahl vor allem deshalb, weil er die Vorschläge einer Expertenkommission um den VW-Personalvorstand Peter Hartz in die Praxis umgesetzt hatte. Aus Sicht der Politik hatte sich das Expertenprinzip in dreifacher Hinsicht desavouiert. Die Ratschläge führten nicht nur zu erheblichen politischen Friktionen. In einer komplexen Gesellschaft riefen sie auch auf der sachlichen Ebene unerwartete Folgewirkungen hervor, wenn etwa nach einer Steuerreform die Staatseinnahmen weit stärker einbrachen als erwartet. Schließlich mussten die Politiker zur Kenntnis nehmen, dass die Experten nach dem Misserfolg ihrer Konzepte abtauchten und die Regierenden mit dem Volkszorn allein ließen.

Den Gefahren einer Wirtschaftspolitik auf Pump blieb sich Merkel im Krisenwinter 2008/09 bei allen Konjunkturprogrammen stets bewusst. Dass bedeutende Medien Ende 2008 die Konjunkturprogramme erst herbeischrieben, um Anfang 2009 die steigende Staatsschuld zu beklagen, hat das Ansehen des Journalismus in ihren Augen nicht gehoben. Schon ein Jahr vor Ausbruch der Euro-Krise warnte sie vor den Folgen der hohen Schulden, die andere Länder aufgrund der Bankenkrise auftürmten. »Woanders werden im Augenblick dramatisch mehr Schulden gemacht als bei uns«, sagte sie Anfang 2009 in einer programmatischen Grundsatzrede vor der Berliner Industrie- und Handelskammer. »Die Krise ist ja nicht daraus entstanden, dass man keine Schulden gemacht hat, sondern die Krise ist mit daraus entstanden, dass zu viele Schulden gemacht wurden. Wir müssen jetzt aufpassen, dass wir nicht in der Bekämpfung der Krise schon wieder die nächste Krise vorzeichnen.«

Die protestantische Abneigung gegen die Schuldenmacherei reicht bei Merkel tief. Im Sommer 2009 berief sie sich oft auf den letzten Aufsatz des gerade verstorbenen Soziologen Ralf Dahrendorf. Der Titel lautete: »Nach der Krise: Zurück zur protestantischen Ethik?« Darin beklagte der Deutsch-Brite den »Weg vom Sparkapitalismus zum Pumpkapitalismus«, den die westlichen Gesellschaften in den vergangenen Jahrzehnten zurückgelegt hätten. Letztlich führte er die Auslagerung industrieller Produktion in andere Weltregionen auf diesen kulturellen Wandel zurück: Echte Wertschöpfung finde heute nur noch in Ländern statt, in denen die (an keine bestimmte Religion gebundenen) protestantischen Werte noch gültig seien. Dahrendorf war nicht so naiv, an eine Rückkehr zu alten Verhältnissen zu glauben, zumal er im Anschluss an seinen älteren Kollegen Bell die Widersprüche des Konsumkapitalismus durchaus sah. Aber er plädierte doch für die »Wiederbelebung alter Tugenden« und erinnerte an die »ständigen Mahnungen zum Maßhalten«, die der Kapitalismus-Skeptiker Ludwig Erhard den Westdeutschen erteilt hatte. »Alles Schuldenmachen hat Grenzen«, lautete Dahrendorfs Fazit, das auch als politisches Mantra der Bundeskanzlerin durchgehen könnte.

Einen weiteren Einblick in ihr wirtschaftspolitisches Grundverständnis gewährte Merkel, als sie Ende September 2010 in Berlin den 48. Deutschen Historikertag eröffnete. Sie stimmte der These des damaligen Verbandspräsidenten Werner Plumpe zu, »dass Wirtschaftskrisen unvermeidlich zur modernen Wirtschaft gehören und sie für Fortschritt und Entwicklung sogar wichtige Funktionen erfüllen«. Es gehe nicht darum, sich zynisch mit einem Auf und Ab der Konjunktur abzufinden – sondern darum, »dass sich Staaten nicht verleiten lassen dürfen, sich Wirtschaftswachstum über Schulden erkaufen zu wollen«.

Merkels protestantische Absage an eine Politik des laxen Geldes, die Schulden in die Nähe von »Schuld« rückt, hat mit Kapitalismus im ursprünglichen Sinn wenig zu tun. Dessen historische Dynamik entfaltete sich durch die Ansammlung von Kapital, das in der Hoffnung auf künftige

Gewinne investiert wurde. In der Abkehr von diesem Prinzip steckt das Eingeständnis, dass Wachstumsraten wie in den Nachkriegsjahrzehnten in den Ländern des entwickelten Westens nicht mehr zu erwarten sind. Tendenziell abnehmende Bevölkerungszahlen erhöhen das Risiko einer wachsenden und am Ende nicht mehr tragbaren Pro-Kopf-Verschuldung zusätzlich.

Das Bekenntnis zu Kapitalismus und Marktwirtschaft, das Angela Merkel 1990 in der *Berliner Zeitung* ablegte, würde sie heute wohl anders akzentuieren. Vermutlich würde sie das Konzept, die Wirtschaft »nur« noch über den Wettbewerb und den Markt zu steuern, nicht mehr rundheraus als »phantastisch« bezeichnen – sondern das Wort von den »Leitplanken« bemühen, mit denen der Staat dieses Spielfeld begrenzen müsse. An ihren protestantischen Grundüberzeugungen, die eher lebenspraktischer als dogmatische Natur sind, hält sie gleichwohl fest. Damit widerspricht sie einmal mehr vorherrschenden Meinungen in der deutschen Bevölkerung. Von akuten Krisensituationen abgesehen, wird die Bedeutung des Wirtschaftswachstums hierzulande eher gering veranschlagt. In einer Umfrage für die *Frankfurter Allgemeine Sonntagszeitung* ermittelten das Deutsche Institut für Wirtschaftsforschung und die Meinungsforscher von Infratest Anfang 2013, dass die Höhe des Bruttoinlandsprodukts unter den politischen Prioritäten der Deutschen sehr weit hinten rangiert.

Die Deutschen wüssten sehr genau, »wie« sie leben wollen, registriert die Kanzlerin bisweilen im kleinen Kreis, machten sich aber wenig Gedanken darüber, »wovon« sie in Zukunft noch leben könnten. Auch hier bleibt die Übereinkunft der Kanzlerin mit ihrem Volk deutlich hinter dem Bild zurück, das ihre Popularitätswerte vermitteln. Womöglich gehört auch dies zur protestantischen Wirtschaftsethik: dass die Leute eine strenge Zuchtmeisterin mögen, die ihnen gelegentlich ein schlechtes Gewissen macht – vor allem dann, wenn aus diesen Worten im eigenen Land keine unangenehmen Taten folgen. Die Machtpolitikerin Merkel richtet sich danach.

KAPITEL 9:

MACHT

Es war im Schlussspurt des Wahlkampfs 2009 in der Hansestadt Stralsund, Angela Merkels eigenem Wahlkreis. Ein westdeutscher Tourist kam auf die Kanzlerin zu, er wolle so gerne eine schwarz-grüne Regierung, was er dann denn wählen solle. Merkel biss sich auf die Zunge. Sie habe tapfer gesagt, was sie in allen Interviews sage, erzählte sie später. Dass mit beiden Stimmen CDU wählen müsse, wer sie als Kanzlerin behalten wolle. Dass ihr Ziel Schwarz-Gelb sei, selbstverständlich.

Nur in Augenblicken wie diesem ließ Angela Merkel kurz aufblitzen, dass sie sich noch etwas anderes hätte vorstellen können als Schwarz-Gelb oder Schwarz-Rot, die beiden Alternativen, auf die der Wahlkampf am Ende zuzulaufen schien, und es sie durchaus reizen könnte, zur ersten schwarz-grünen Kanzlerin zu werden. Nicht nur die politischen Farbkombinationen aus der Bonner Republik zu wiederholen, sondern etwas wirklich Neues zu beginnen. Die große Koalition hinter sich zu lassen und doch die schroffe Lagerbildung zu vermeiden, die mit einer schwarz-gelben Regierung verbunden ist.

Merkels Leute in der CDU rechneten damals vor, wie das gehen könne. Die Union müsste lediglich die Stimmen von der FDP zurückholen und der Marke von 40 Prozent nahe rücken. Die Grünen müssten ohne linke Scheuklappen ihr Wählerpotenzial als konsensfähige Partei der liberalen Mitte endlich ausschöpfen – und an die Macht wollen, auch wenn sie mit der SPD keine Mehrheit hätten. Im September 2009 reichte es dafür nicht. Von da an regierte Merkel also mit der FDP, in der Koalition, die sie während des Wahlkampfs tapfer als ihr Wunschbündnis bezeichnet hatte.

Als ein gemeinsames Projekt betrachtete Merkel diese Regierung längst nicht mehr, das war schon am Wahlabend klar. Sie sah das Risiko, dass die polarisierende Schärfe der FDP der CDU schaden könnte. Das neue Bündnis beruhte auf einer rechnerischen Mehrheit im Bundestag und vorerst noch im Bundesrat, das war alles. Dass sich viele in der FDP und auf dem Wirtschaftsflügel der Union einen Politikwechsel versprachen, machte die Aufgabe der Kanzlerin nicht einfacher. In Wahrheit war das Regieren von nun an sehr viel schwerer als in der großen Koalition.

Noch am Wahlabend dementierte Merkel die neue Farbenlehre. »Mein Verständnis war und ist es«, sagte sie, »dass ich die Bundeskanzlerin aller Deutschen sein möchte.« Es blieb ihre Linie fürs erste Jahr der Koalition. Ihre wichtigsten Minister sandte sie aus, um mit Interviews zu sanften Wohlfühlthemen in linksliberalen Medien bei der urbanen Bildungsschicht zu punkten. Ob nun der kurzzeitige Innenminister Thomas de Maizière die Internetgeneration umwarb, der neue Umweltminister Norbert Röttgen den grünen Zug der Schwarzen unterstrich oder Ursula von der Leyen zu Frauenthemen sprach, die Absicht der CDU war klar: Die Partei sollte unter der Aversion des Bürgertums gegen die FDP nicht leiden.

Als Angela Merkel am Tag nach dem Wahlabend im Lichthof des Berliner Konrad-Adenauer-Hauses erneut vor die Presse trat, rieben sich manche Zuschauer die Augen. Das betraf vor allem solche, die das Prinzip Merkel bis dahin nicht verstanden hatten, also die künftigen Koalitionspartner von der FDP. Merkel tat so, als habe sich gar nichts Besonderes ereignet. Als sei es im Grunde gleichgültig, von welchen Parteien sie zur Kanzlerin gewählt würde. Der Anlass ihres Auftritts blieb diffus. Nur wegen der vielen Übertragungswagen vor der Tür wäre ein unbeteiligter Beobachter auf die Idee gekommen, dass am Vortag eine Bundestagswahl stattgefunden hatte, dass daraus eine neue Koalition hervorgehen würde, dass Merkel dieses schwarz-gelbe Regierungsbündnis noch vor vier Jahren mit der Aussicht auf einen ganz großen Politikwechsel verbunden hatte. Aus Merkels Worten hätte er all dies nicht schließen können.

Ein Journalist wollte von der Bundeskanzlerin wissen, ob das Publikum nun eine andere, eine schwarz-gelbe Angela Merkel erleben werde. »Sie werden mich so kennenlernen, wie ich bin«, antwortete sie. Aber wie ist Angela Merkel? Als ob das nicht die Frage wäre, die spätestens seit der Übernahme des Parteivorsitzes im Jahr 2000 alle beschäftigte und die auch an diesem Montag im Berliner Konrad-Adenauer-Haus verhandelt wurde.

Natürlich wollten alle wissen, wann denn die von Schwarz-Gelb erwarteten »sozialen Grausamkeiten« kämen, fast schon lustvoll wurde danach gefragt. »Ich werde darauf achten, dass die Mehrheitsfähigkeit der CDU nicht gestört wird durch den Koalitionsvertrag«, entgegnete Merkel. Die Termine, an denen diese Mehrheitsfähigkeit getestet würde, standen ihr damals schon vor Augen. Nicht nur die nordrhein-westfälische Landtagswahl ein gutes halbes Jahr später hatte sie im Blick, sondern auch die baden-württembergische in anderthalb Jahren – und natürlich auch schon die nächste Bundestagswahl.

In den vier Jahren der großen Koalition hatte Merkel gerne auf die SPD verwiesen, um die Begehrlichkeiten des eigenen Wirtschaftsflügels abzuwehren. Nach dem schwarz-gelben Wahlsieg brauchte sie nur 24 Stunden, um die Finanzkrise als neuen Bündnispartner zu entdecken. »Solange wir im Tal sind, ist die Frage nach Sparmaßnahmen nicht richtig gestellt«, sagte sie an jenem Montagmittag in der Parteizentrale. Schon der amerikanische Präsident Franklin D. Roosevelt habe den Fehler begangen, die Staatsausgaben nach den Konjunkturprogrammen des New Deal zu rasch zurückzufahren. Zur Roosevelt-Depression kam es acht Jahre nach dem Börsencrash von 1929. Da hatte die Kanzlerin ja noch ein bisschen Zeit.

Fast schon verzweifelt fragte einer der konservativsten unter den anwesenden Journalisten, ob Merkel denn mit der SPD rein gar nichts beschlossen habe, was sie mit der FDP nicht genauso wiederholen könnte. »Das wissen Sie doch, dass es das nicht heißt«, gab die Kanzlerin ein wenig gereizt zurück. Spontan fiel ihr ein Detail der Erbschaftsteuer ein: Die Sache mit der Lohnsumme, an die eine steuerfreie Weitergabe von Familienbetrieben gekoppelt sei, da müsse man wegen der Krise noch mal ran. Tatsächlich war das dann fast das einzige, was die Koalition im ersten Dreivierteljahr ihrer Amtszeit tat – von der Mehrwertsteuerbefreiung für Hotelbetten einmal abgesehen. Juristische Fachverlage klagten, die schwarz-gelbe Regierung sei wegen der geringen Zahl an neuen Gesetzen schlecht fürs Geschäft.

Einen Monat nach der Pressekonferenz im Adenauer-Haus saß Merkel wieder vor den Hauptstadtjournalisten, diesmal vor der blauen Wand der Bundespressekonferenz. Sie sprach über die Koalitionsvereinbarung, die sie unter Mühen mit dem FDP-Chef Guido Westerwelle und dem CSU-Vorsitzenden Horst Seehofer ausgehandelt hatte. Während die beiden anderen so taten, als würden sie sich jetzt mögen, blieb Angela Merkel ganz kühl. »Ich bin wahrscheinlich älter und reifer geworden«, sagte die Kanzlerin auf die Frage, was bei ihrer Wiederwahl nun anders sei als beim Amtsantritt 2005. Der Wechsel des Koalitionspartners schien ihr keiner weiteren Erwähnung wert zu sein, dabei war er durchaus von Belang. Die SPD hatte zumindest theoretisch eine andere Machtoption im Bundestag gehabt, der FDP fehlte sie.

Geändert hatte sich deshalb vor allem eines: Angela Merkel war jetzt mächtiger als je zuvor. So war es bislang nach jeder Wahl gegangen. 2002 hatte der Kandidat Edmund Stoiber verloren und Merkel den Fraktionsvorsitz gewonnen. 2005 hatte die CDU kräftig Stimmen einge-

büßt, aber die Parteivorsitzende war ins Kanzleramt einge-
zogen. Und nun auch wieder: In Partei und Regierung
besetzte Merkel die Schlüsselpositionen mit ihren Leuten,
sie neutralisierte die Gegner, sie speiste die FDP mit undankbaren Kabinettsposten und vagen Absichtserklärun-
gen ab.

Westerwelle musste sich derweil dafür rechtfertigen,
dass er für die FDP keine wichtigeren Ressorts heraus-
geschlagen hatte. Statt auf eine entsprechende Journa-
listenfrage die Bedeutung der fünf FDP-Ministerien her-
auszustreichen, hielt der Parteivorsitzende einen mäßig
eleganten Vortrag über die Vertraulichkeit von Chefgesprä-
chen. Zur Frage der Ressortverteilung habe es »engagierte Verhandlungen« gegeben. Das war die höfliche Um-
schreibung dafür, dass die Kanzlerin die liberalen Ambiti-
onen auf das wichtige Finanzressort vereitelt hatte. Nun
blieben der FDP zweitrangige Posten und zweitrangiges
Personal.

Ziemlich vage waren auch die verbalen Zugeständnisse,
die Merkel der FDP im Koalitionsvertrag machte. Bis zwei
Uhr früh stritt sie mit Westerwelle in der letzten Verhand-
lungsnacht über die Steuerreform. Die FDP bekam am
Ende den Satz zugestanden, die Koalition wolle »den Einkommensteuertarif zu einem Stufentarif umbauen«. Er
solle »möglichst« zum 1. 1. 2011 in Kraft treten. Zwei Absätze
zuvor hieß es, die geplante Entlastung um 24 Milliarden
Euro solle »im Laufe der Legislaturperiode« erfolgen. Was
solche Sätze angesichts einer Rekordverschuldung später
wert sein würden, verdeutlichte der künftige Finanzminister Wolfgang Schäuble in ersten Interviews. »Wir fahren

weiter auf Sicht«, erklärte er schon, als der Koalitionsvertrag noch gar nicht förmlich unterschrieben war. Man wolle Steuersenkungen »versuchen«, der Vorteile des Stufentarifs sei er sich »nicht so ganz sicher«.

Beim zweiten Kernthema der FDP, der Gesundheitsreform, bemühte die Koalitionsvereinbarung sogar das Wort »langfristig«, um den Zeithorizont für die Einführung einer Kopfpauschale zu beschreiben. »In der Gesundheit ändert sich zunächst einmal gar nichts«, versicherte der CSU-Vorsitzende Seehofer. Merkel hörte mit dem leeren Gesichtsausdruck zu, den sie so virtuos beherrscht wie kaum ein anderer Politiker. Für sie würde es kein Schaden sein, wenn sich CSU und FDP gegenseitig blockierten. Das eröffnete ihr Spielräume für situative Politik. Nach außen ergab das zwar schon damals kein glanzvolles Bild, aber um des bloßen Glanzes willen hat Merkel machtpolitische Fragen noch nie zurückgestellt.

Auf Bilder dagegen achtete sie auch während der Koalitionsgespräche. Sie vermied Fotos von einem schwarz-gelben Siegestaumel. Gerhard Schröder und Joschka Fischer hatten die Bilder bereut, die sie mit Sektschalen im Freudenrausch zeigten. Stattdessen trat Merkel während der Koalitionsgespräche zweimal auf Veranstaltungen der Gewerkschaften auf. Die Feier zum 60-jährigen Jubiläum des DGB im prunkvollen Berliner Konzerthaus am Gendarmenmarkt fand unmittelbar vor der ersten Verhandlungsrunde statt, die Koalitionsspitzen holten sich dort ihren Segen wie in einem Gottesdienst. Zwischendurch eröffnete Merkel das wiedererstandene Neue Museum gleich gegenüber ihrer Wohnung. Dort gab es schöne Bilder mit der Pharaonin Nofretete. Das politische Wirken der Ägypterin ist bis heute von Geheimnissen umwittert. Als sicher gilt: Neben Kleopatra verfügte sie von allen Politikerinnen des Altertums über das solideste Machtbewusstsein.

Nie hat ein deutscher Kanzler so offensichtlich gegen seinen Koalitionspartner regiert wie Merkel in den ersten zwölf Monaten von Schwarz-Gelb. Merkel habe zur Abgrenzung von der FDP keine Wahl gehabt, fanden damals schon ihre Anhänger innerhalb und außerhalb der CDU. Guido Westerwelle sei ein Oppositionspolitiker gewesen, nicht regierungsfähig und übermütig nach der Wahl. Ein abrupter Imagewechsel, heißt es aus dieser Sicht, wäre Merkel zu diesem Zeitpunkt kaum bekommen. Es war ein Experiment, für das es keine Vorbilder gab. Sie war die erste deutsche Kanzlerin, die den Koalitionspartner austauschte – und der man den Sprung in ein drittes Bündnis zutraut. Die Regierungschefin, die zwischen den Koalitionspartnern wechselt wie bei den Jacken zwischen Lila, Pink und Grün: Es ist erstaunlich, wie sehr dieses Erwartungsmanagement die Politikwahrnehmung prägt.

Nur einmal sah es aus, als habe sie sich festgelegt. Ein Jahr nach der Bundestagswahl hielt sie die bereits zitierte Rede für die Atomkraft und gegen die Stuttgarter Wutbürger. Für einen Moment wähnten die Hardliner sich am Ziel. Endlich sei Merkel zur Einsicht gekommen, sagten jene im Regierungslager, die Schwarz-Gelb für ein Projekt hielten – und jene in der Opposition, die sich nach klaren Fronten sehnten. Merkel habe nach einem Jahr erkannt, dass sie in der neuen Koalition nicht weitermachen könne wie bisher. Eine schwarz-gelbe Kanzlerin könne nicht er-

warten, in allen politischen Milieus gleichermaßen populär zu sein. »Jetzt nimmt sie ihre Rolle als Parteikanzlerin
an«, jubelte ein SPD-Mann, der sich schon auf ein Feind-
bild für den nächsten Lagerwahlkampf freute. »Das war
die Abschiedsrede von der großen Koalition«, frohlockte
ein Kollege von der FDP, der jetzt das schwarz-gelbe Projekt beginnen sah. Das war ein Irrtum. Einzig ein hellsich-
tiger Gesprächspartner aus der CDU relativierte damals
schon: »Eine Rückkehr der Lager ist das nicht.«

Es war nicht das erste Mal, dass sich Merkel neu erfand.
Sie tat es, als sie sich zu Weihnachten 1999 vom Spenden-
sammler Helmut Kohl lossagte. Sie machte es 2003, als sie
die CDU beim Leipziger Parteitag auf Kopfpauschale und
Bierdeckelsteuer festlegte. Es geschah nach der Bundestagswahl 2005, als sie aus dem Debakel des Paul-Kirchhof-
Wahlkampfs Lehren zog und mithilfe der SPD zur Mitte
rückte. Immer gab es Leute, die an Merkels Bekehrung zu
einer Ideologie glaubten. So erging es Friedrich Merz, den
sie in Leipzig mit den Steuerplänen einband. Der Irrtum
unterlief auch Guido Westerwelle, der sich von der CDU-
Chefin schwarz-gelbe Überzeugungen erhoffte. Mit Politik, wie die Regierungschefin sie versteht, hat das nicht viel
zu tun. Auch die Verwandlung im Herbst 2010 gehorchte
dem Gebot des Machterhalts. Wie sonst sollte sie die Landtagswahlen im folgenden Frühjahr überstehen?

So wurde Merkel einen Winter lang zur schwarz-gelben
Lagerkanzlerin. Sie vollzog den Schwenk aus Pragmatismus, nicht aus Ideologie. Sie traf zur gleichen Zeit auch
Entscheidungen, die nicht in das konservative Schema
passten, sie schaffte zum Beispiel die Wehrpflicht ab oder

erhöhte auf Geheiß der Verfassungsrichter die Sätze für Hartz-IV-Empfänger. Längerfristige Festlegungen konnte man von Merkel schon damals nicht erwarten. Von einer Rückkehr zum Leipziger Programm, von der endgültigen Häutung einer Kanzlerin mochte aber außer den freudig erregten Atomlobbyisten kaum einer sprechen. »Die wahre Merkel«, sagte damals einer, der lang mit ihr zusammenarbeitete, »die gibt es immer nur in Abhängigkeit von bestimmten Situationen.«

Von situativem Regieren und gesundem Menschenverstand sprechen Merkel-Kenner, wenn sie den Regierungsstil beschreiben sollen. Es klingt nach dem gleichfalls in Hamburg geborenen Helmut Schmidt, auch wenn man sich Merkel noch nicht als regelmäßigen Talkshow-Gast in den Vierzigerjahren des 21. Jahrhunderts vorstellen mag. Schmidt gilt als »der einzige namhafte Merkel-Kritiker, der noch ernst genommen wird«, wie er sich in einem Interview kokett titulieren ließ. In Wahrheit überwiegen die Parallelen zwischen den beiden populären Regierungschefs. Vielen Deutschen galten sie über lange Phasen ihrer Karriere als die richtigen Kanzler in der falschen Partei. Schmidt war während seiner Amtszeit vor allem auf der linken Seite des politischen Spektrums verhasst, Konservative ließen sich hingegen beeindrucken vom nüchtern-ruppigen Ton des früheren Oberleutnants, der den RAF-Terroristen kompromisslos gegenübertrat und sich für die atomare Nachrüstung einsetzte. Heute kommen die schrillsten Tiraden gegen Merkel von konservativer Seite. Bei den Anhängern von SPD und Grünen hielten sich die Beliebtheitswerte der Kanzlerin hingegen stets auf einem beachtlichen Niveau, auch wenn sich das nicht in CDU-Stimmen ummünzen ließ.

Der Hanseat verdankte seinen Machterhalt nicht in erster Linie der Partei, sondern der politischen Anschlussfähigkeit seiner eigenen Person über vermeintliche Lagergrenzen hinweg. Das ist bei Merkel ähnlich. Sie profitiert wie schon Schmidt von einer besonderen Vorliebe der Bundesdeutschen für das Mittige und das Pragmatische. Strategien der Polarisierung haben seit 1945 nur noch dann verfangen, wenn sie den politischen Gegner erfolgreich unter den Verdacht des Extremismus stellten. So war es 1957 mit Adenauers Kampagne »Keine Experimente«, die sich gegen eine noch stark antikapitalistisch orientierte SPD richtete, und so war es mit Schmidts erfolgreichem Wahlkampf gegen den CSU-Herausforderer Franz Josef Strauß, der zumindest nördlich der Mainlinie als das abschreckende Gegenbild zu Schmidts hanseatisch-bürgerlicher Solidität galt.

Beide, Schmidt wie Merkel, traten ihr Amt in Phasen großer Reformernüchterung an. »Wir wollen mehr Demokratie wagen«: Mit diesem Satz hatte Schmidts Vorgänger Willy Brandt Erwartungen geweckt und notwendige Reformen angestoßen. Zum Zeitpunkt von Brandts Rücktritt 1974 galten sie als weitgehend gescheitert; die Erwartungen waren in Enttäuschung umgeschlagen. Auch Merkel verdankte ihr Amt 2005 vor allem einer großen Reformmüdigkeit der Deutschen.

Wer Visionen habe, solle zum Arzt gehen: Dieses gern kolportierte Schmidt-Zitat könnte genauso gut von Merkel stammen. Sie misstraut Politikern, die mit großem Pathos weit ausgreifende Zukunftsbilder malen, ob sie nun Barack Obama heißen oder Norbert Röttgen. Als frühere DDR-Bürgerin hat sie das Scheitern einer großen Utopie selbst erlebt. Stattdessen verwirklichte sich eine Zukunftshoffnung wie von selbst, an die zuletzt kaum noch jemand geglaubt und auf die auch niemand mehr zielstrebig hinarbeitet hatte: die Wiedervereinigung Deutschlands und Europas.

In ihrer Neujahrsansprache 2011 öffnete Merkel die Tür zu ihrem Weltbild einen Spalt breit. Sie zitierte den Philosophen Karl Popper, mit dem schon der Sozialdemokrat aus Hamburg seine Politik der kleinen Schritte gerechtfertigt hatte: »Die Zukunft ist weit offen.« Merkels politische Praxis lehnt sich eng an die Ideen Poppers an, den sie schon als DDR-Bürgerin las. Sie orientiert sich am Prinzip von Versuch und Irrtum, setzt auf eine Politik der kleinen Schritte und bleibt sich dabei stets bewusst, dass die Zukunft nicht planbar ist.

Die Kanzlerin könnte sich für ihr Handeln auch auf die Vertreter des Pragmatismus in der angelsächsischen Philosophie berufen. Sie geben der Praxis den Vorrang vor rein theoretischen Überlegungen. »Wahr ist das, was sich in seinen praktischen Konsequenzen bewährt«, formulierte der Harvard-Philosoph William James schon vor hundert Jahren in seinem Buch *Pragmatismus*. Dieses Verständnis von Wahrheit verzichtet auf Letztbegründungen, auf Dogmen und Ideologien. Wahr sei letztlich, was »am besten bestimmte Probleme lösen kann«, schrieb der in Stanford lehrende Richard Rorty 1997 in einem Sammelband über *Wahrheit und Fortschritt*. Überflüssig zu sagen, dass der 2007 verstorbene Rorty alles andere als ein Konservativer war.

Was Popper und die Pragmatiker formulierten, halten Dogmatiker aller politischen Richtungen für banal. In der Theorie mag das zutreffen, in der Praxis nicht. Die ganze Idee der westlichen Demokratie beruht darauf, dass es letzte Wahrheiten nicht gibt. Könnten politische Entscheidungen eindeutig »richtig« oder »falsch« sein, wären sie nicht durch Mehrheitsentscheidung zu ermitteln. Ob die deutsche Kanzlerin nun über ein festes Korsett politischer Überzeugungen verfügt oder nicht: Sie hätte ihren Beruf verfehlt, würde sie ihre Amtsführung allein von privaten Ansichten abhängig machen.

So muss sich schon in der *Antigone* des Sophokles der kompromisslose thebanische König Kreon von seinem Sohn vorhalten lassen: »Wer nur nach seinem Sinn regiert, herrscht bald allein in einem leeren Land.« Das Stück, am Deutschen Theater Berlin in einer Antiken-Trilogie unter dem Titel *Ödipus Stadt* gezeigt, hat die Kanzlerin sehr beeindruckt, so sehr, dass sie sich anschließend mit dem Ödipus-Darsteller Ulrich Matthes bei Buletten zu einem Gespräch über das Wesen der Politik traf. Der Theaterabend bot den beiden offensichtlich genügend Gesprächsstoff. »Doch in der Not ist's besser, auf den Rat der Zeit zu warten«, auch dieses Zitat des jungen, noch nicht dogmatisch erstarrten Kreon dürfte Merkel gefallen haben – und der alles relativierende Satz des blinden Sehers Teiresias ohnehin: »Wer kann hier stehen und von sich sagen, ich weiß, was kommt?«

Das macht die Aufgabe nicht weniger anspruchsvoll, im

Gegenteil. Will die Regierungschefin ihr Amt behalten, darf sie sich einerseits nicht dauerhaft gegen große Zeitströmungen stellen. Andererseits darf sie sich nicht zur kurzfristigen Erfüllungsgehilfin des Mehrheitswillens machen, wie er den täglichen Meinungsumfragen zu entnehmen ist. Dazu sind die Launen des Volkes zu wechselhaft, wie wir seit Machiavelli wissen: Gibt eine Regierung heute dem Drängen nach höheren Staatsausgaben nach, steht sie morgen wegen ihrer Schuldenpolitik in der Kritik. Riskiert sie heute die Zukunft der europäischen Gemeinschaftswährung, wird sie morgen womöglich vom ökonomischen und politischen Chaos auf dem Kontinent hinweggefegt.

»Der Umgang mit Macht ist eine Schule der Disziplin, da der Politiker auch seine eigenen Wünsche daraufhin prüfen muss, ob ihre Erfüllung seine Macht mehren oder mindern würde«, schrieb der Feuilletonist Patrick Bahners 1998 – in einem Buch über Helmut Kohl. Es liest sich über weite Strecken, als handele es von Angela Merkel. Schon für den 16 Jahre lang regierenden Pfälzer war das politisch Unbestimmte ein Erfolgsrezept. Sein Hang zum »Aussitzen« war nicht Trägheit, sondern unter Schmerzen erarbeitete Selbstkontrolle.

Während der Phase seines Aufstiegs inszenierte sich Kohl als jugendlicher Rebell und Hoffnungsträger der Partei. Er kritisierte die schwarzen Spendenkassen des ersten CDU-Vorsitzenden Konrad Adenauer in den Parteigremien ähnlich scharf, wie es später Angela Merkel ihm gegenüber tun sollte. Als rheinland-pfälzischer Ministerpräsident pflegte er einen unprätentiösen Stil und ließ sich lieber mit »Herr Kohl« anreden statt mit »Herr Minis-terpräsident«, wie sich auch Merkel bei ihren engen Mit-arbeitern die Anrede »Frau Bundeskanzlerin« verbittet. Er scharte einen Stab von Modernisierern um sich, unter an-deren seine Generalsekretäre Kurt Biedenkopf und Hei-ner Geißler. Der Journalist Günter Gaus erklärte Kohls Abneigung gegen die SPD 1967 mit dem Satz, die So-zialdemokraten seien dem aufstrebenden CDU-Politiker schlicht »zu konservativ«.

Kohl wusste, dass ein jüngerer Politiker auf dem Weg in die Bonner Führungspositionen von Partei, Fraktion und Regierung den dynamischen Erneuerer geben musste und nicht den konservativen Bewahrer. Er verstand aber auch, dass mit dem Wechsel von Willy Brandt zu Helmut Schmidt die Phase der Großreformen in Deutschland erst einmal vorbei war. Deshalb führte er den Bundestagswahl-kampf 1976 mit der Parole »Freiheit statt Sozialismus«, die an Adenauers Motto von 1957 erinnerte: »Keine Expe-rimente.« Gerade weil sich Kohl systematisch das Image eines Erneuerers zugelegt hatte, konnte er mit umso grö-ßerer Überzeugungskraft darlegen, dass sich das Leben nun von der Politik erholen müsse. Dass nach dem Ende der rot-grünen Reformära eine ähnliche Zeitstimmung aufgekommen war, begriff Kohls politische Enkelin Angela Merkel sehr spät. Sie hat die Lehre dafür umso strikter befolgt.

Als Kohl 1982 ins Kanzleramt einzog, überhöhte er den Regierungswechsel zu einer »geistig-moralischen Wende«. Das war eine Formulierung aus dem klassischen Repertoire der konservativen »Re-form« im wörtlichen

Sinn eines »Zurück-Formens« zu alten, vorgeblich besseren Verhältnissen. Aus einer solchen Allerweltsformel konnte politisch nichts folgen, zumal unter einem Kanzler mit einem derart pragmatischen Politikverständnis. Die Intellektuellen, die sich über den Dialekt des Oggersheimers mokierten, sollten sich darüber erstaunlich lange täuschen.

Solch ein ausgeprägtes Ressentiment von linker Seite schlug Merkel nie entgegen. Um ihre Position innerhalb der eigenen Partei zu stärken, versuchte sie zeitweise geradezu verzweifelt, die alte Lagerkonfrontation wieder herzustellen – etwa in der Debatte um die Vergangenheit des Steinewerfers Joschka Fischer. Zum Hassobjekt der Linken machte sie sich damit auf Dauer nicht. Sympathie erregte schon der Umstand, dass es diese Frau aus dem Osten der konservativen Männerriege aus dem Westen gründlich zeigte.

Frisur, Kleidung und der brandenburgische Tonfall dieser Frau weckten in urbanen Milieus anfangs ähnliche Vorbehalte wie einst die Erscheinung Kohls. Anders als der Oggersheimer, dessen mundartliche Färbung tatsächlich von einer großen Ferne zu allem Intellektuellen zeugte, verkörpert sie den im Westen weitgehend ausgestorbenen Typus des allem Modischen abholden protestantischen Bildungsbürgers, der in der östlichen Nischengesellschaft die Zeitläufte besser überstand als im offenen Feld der westdeutschen Konsumgesellschaft. Die gesamtdeutsche Kanzlerin könnte der Gesellschaft jener kritischen und trotzdem angepassten DDR-Akademiker entsprungen sein, die den Roman *Der Turm* des Schriftstellers Uwe Tellkamp bevölkert.»Ich denke, dass Angela Merkel gut in die Gesellschaft passen würde, die ich in meinem Buch beschreibe«, sagte Tellkamp 2012 in einem Interview – und bedauerte zugleich, dass Merkel den *Turm* aus Zeitnot nicht gelesen habe.

Eine Außenseiterin war die Physikerin damit auch in der Kleinbürgergesellschaft der DDR, was ihre anfangs sehr geringe Popularität in den östlichen Bundesländern erklärt.»Typisch ossimäßig finde ich weder Frau Merkel noch Herrn Gauck«, bemerkte auch der Autor Tellkamp. Allerdings fügte er hinzu:»Der Pragmatismus ist natürlich typisch für den Osten; diese ganze Improvisationskunst.« Wegen ihres unprätentiösen Auftretens schlugen weder Merkels Belesenheit noch ihre hochkulturellen Interessen negativ auf ihr Image durch. Schon Plutarch wusste, das Volk beargwöhne zur Schau getragene geistige Überlegenheit.

Unterschätzt wurde Merkel gleichwohl, auch nach ihrem Scheidungsbrief an Kohl von 1999, der solche Trugschlüsse eigentlich nicht mehr zuließ. Erstaunlicherweise galt das selbst dann noch, als ihre innerparteilichen Gegner längst in Anwaltskanzleien, Unternehmenszentralen oder Präsidentenschlössern auf dem Altenteil saßen. So machte die deutsche Kanzlerin dem französischen Präsidenten Nicolas Sarkozy während der langen Nächte der Euro-Verhandlungen allen Ernstes klar, die Macht des Karlsruher Verfassungsgerichts und der Einfluss der deutschen Landesfürsten ließen ihr gar keinen machtpolitischen Spielraum für weitere Zugeständnisse. Sarkozy ließ sich von der Schmeichelei umgarnen, leider sei die deutsche Kanzlerin bei weitem nicht so mächtig wie der Präsident der französischen Republik. Der frühere französische Minister Bruno Le Maire berichtet in seinen Erinnerungen, Sarkozy habe diese Sätze seinen Leuten stolz weitererzählt – und dabei gar nicht bemerkt, dass Merkel ihn aufs Kreuz gelegt hatte. Merkels unkompliziertes Auftreten konnte von einem französischen Präsidenten, dessen Repräsentationsbedürfnis noch aus den Zeiten des Sonnenkönigs herrührt, leicht als machtpolitische Schwäche interpretiert werden.

»Nur auf die Position kommt es an, nicht auf die mit ihr verbundenen Titel, Pfründe und Annehmlichkeiten«, schrieb Kohl-Interpret Bahners vor anderthalb Jahrzehnten. »Im Unverblümten des Machtwunsches spricht sich zugleich eine Art von Bescheidenheit aus.« Hier lässt sich mit Blick auf Merkel nichts hinzufügen. Die Konzentration auf die bloße Essenz von Macht ist kaum je so konsequent zu Ende geführt worden wie unter der Uckermärkerin im Kanzleramt. Wenn Merkel die Macht wie eine Molekularköchin auf ihre pure Essenz konzentriert, dann bleibt von inhaltlichen Festlegungen notwendigerweise nichts übrig. So machte es schon Kohl, der heute gern als konservativer Überzeugungstäter gesehen wird. Das Konservative verkörperte er nicht programmatisch, sondern in Habitus und Haltung.

Hinzu kam bei dem Pfälzer ein parteipolitisches Freund-Feind-Denken, das bei aller inhaltlichen Wendigkeit den eigenen Machterhalt als eine Frage von Leben und Tod betrachtete. Die »Sozen« standen für Kohl stets unter Ideologieverdacht. Sie besaßen in seinen Augen nicht die pragmatische Flexibilität, die man zum Wohle des Landes von den Regierenden einfordern musste. Diesen Glauben an die eigene Unersetzbarkeit scheint sich Merkel erst im Zuge der europäischen Krise zu erarbeiten – nicht weil sie ihre möglichen Koalitionspartner bei Rot und Grün für verblendet hielte, sondern weil ihr die handwerklichen Fähigkeiten des handelnden Personals, auch im europäischen Maßstab, bisweilen zweifelhaft erscheinen.

Jenseits einer wohlfeilen Freund-Feind-Rhetorik kultivierte Kohl nahezu perfekt jene programmatische Unbestimmtheit, die seiner politischen Enkelin gern vorgeworfen wird. »Drückte er selbst sich unscharf aus, war das ein kluger Verzicht auf vorzeitige Festlegungen«, schrieb Bahners 1998 über den noch amtierenden Bundeskanzler. »Was die Partei will, muss so allgemein wie möglich formuliert werden, damit möglichst viele es ebenfalls wollen.« Kohl hielt alles im Fluss und hegte eine Präferenz für das Diffuse. Damit er keine Erwartungen enttäuschen konnte, weckte er sie erst gar nicht. »Kein Gegner konnte aufstehen und das Gegenteil von dem wollen, was Kohl wollte«, schrieb Bahners. »Denn was Kohl wollte, ließ sich nicht mit einem Satz sagen, den man verneinen konnte.« Über grundsätzliche programmatische Festlegungen machte er sich auch offen lustig, etwa wenn es um das wirtschaftspolitische Vorgehen bei der Wiedervereinigung ging: »Es ist eine Sache, ob man die absolute Zustimmung der Ludwig-Erhard-Gesellschaft findet, und eine andere Sache, das politisch Richtige zu tun.«

Mit solch einer programmatischen Nonchalance taten sich Regierungschefs der politischen Linken meist schwer.

Zur Legitimation seiner politischen Herrschaft ersann der frühere Bundeskanzler Gerhard Schröder stets neue Schlagworte, von der »neuen Mitte« am Beginn der rot-grünen Ära bis zur »Agenda 2010« an deren Ende. Selbst als er zwischenzeitlich Kohls Aussitzen imitierte, hielt er es für nötig, diese Phase als »Politik der ruhigen Hand« zu überhöhen. Das zerstörte sofort den Effekt: Wer offen über machtpolitische Tricks schwadronierte, der machte schon vor fünfhundert Jahren in der florentinischen Republik des Niccolò Machiavelli keine gute Figur.

Ein hohes Maß an Selbstdisziplin erfordern die macht-politischen Manöver auch deshalb, weil sie die kurzfristige Optik oft verschlechtern. Das gilt vor allem für die Wahl des Bundespräsidenten. Hier lässt sich die Ästhetik des Amtes mit der Logik der Macht kaum versöhnen. Es han-delt sich deshalb um eine der undankbarsten Entschei-dungen, die der Regierungschef in der deutschen Kanz-lerdemokratie zu treffen hat. Fast jedes Mal, wenn die Bundesversammlung zusammentrat, kam es zu größeren Peinlichkeiten. Schon Konrad Adenauer wollte 1959 erst den lästigen Wirtschaftsminister Ludwig Erhard in die Villa Hammerschmidt wegloben, dann brachte er sich selbst ins Spiel, schließlich präsentierte er als Notlösung den damaligen Landwirtschaftsminister Heinrich Lübke. Auch Kohl agierte »vor nahezu allen Präsidentenwah-len trotz großen Engagements glücklos«, wie Bahners schreibt: Vor der Wahl von 1969 brachte er noch von Mainz aus Richard von Weizsäcker in Stellung, konnte ihn aber nicht durchsetzen und schickte ihn fünf Jahre später in ein vergebliches Rennen gegen den sozialliberalen Vizekanzler Walter Scheel. 1979 und 1984 wurden ihm Karl Carstens und schließlich wiederum Weizsäcker als Kandidaten aufgenötigt, bevor er 1994 mit dem Sachsen Steffen Heitmann Schiffbruch erlitt und ihn kurzfristig durch Roman Herzog ersetzen musste.

Im Vergleich zu Kohls Fehlspekulationen schienen Merkel taktische Meisterleistungen gelungen zu sein, als sie 2004 den ehemaligen Sparkassenpräsidenten Horst Köhler zum schwarz-gelben Kandidaten kürte und 2010 ihren Widersacher Christian Wulff erfolgreich ins Schloss Bellevue abschob. Dass beide Kandidaten dem Amt am Ende nicht gewachsen waren, brachte Merkels Machtsystem kurzzeitig ins Wanken, gefährdete es aber zum Erstaunen aller langfristig nicht. Es verwundert trotzdem, dass Merkel auch nach dem Rücktritt Wulffs am erprobten Verfahren festhalten wollte: Sie erwog ernsthaft, das Amt abermals zu instrumentalisieren und den politisch allzu ambitionierten Verfassungsrichter Andreas Voßkuhle dorthin abzuschieben.

Der frühere Bürgerrechtler Joachim Gauck war der Kandidat der Opposition, schon deshalb konnte Merkel ihn politisch nicht wollen. Über weitere Motive lässt sich nur spekulieren: Kannte sie ihn so gut, dass er ihr aus Gründen seiner Persönlichkeit ungeeignet erschien? Konnte sie aus Proporzgründen keinen Kandidaten propagieren, der ebenfalls den Stallgeruch des ostdeutschen Pfarrhauses in seinen Kleidern trug? Wollte sie sich diesmal den Kandidaten demonstrativ aufnötigen lassen, um für ein neuerliches Fiasko im Schloss Bellevue nicht verantwortlich zu sein? Dass die Bevölkerung mit ihrem neuen Präsidenten

sehr zufrieden ist, trägt zu dem gesellschaftlichen Wohl-
fühlklima bei, das »Momente der Harmonie« zwischen
den Deutschen und ihrer einst so fremden Kanzlerin
schuf, wie es der Journalist Bernd Ulrich schon im Frühjahr 2012 formulierte.

Merkels Fähigkeit, die Politik auf ihren machtpolitischen Kern zu reduzieren, hat bei Beobachtern Bewunderung und Abscheu erregt – oft auch beides zugleich.
»Die Physikerin Angela Merkel halte ich für die oberste
Spieltheoretikerin im Lande, in dieser Disziplin braucht
sie keine Beratung mehr«, erläuterte der Publizist Frank
Schirrmacher, der in seinem jüngsten Bestseller die Spiel-
theorie zur beherrschenden Denkfigur der Gegenwart erklärte. »Angela Merkel regiert in dieser kommunikations-
gedopten Moderne durch Schweigen, durch Mimik und
angeblich durch Kleidungscodes.« Ähnlich äußerte sich
der Politologe Joachim Raschke. Merkel verkörpere einen
»neuen Typus von Politikern, die keine Ziele haben, aber
trotzdem strategisch denken«. Ähnlich wie im Krieg be-
stehe die einzige Absicht nun darin, den Gegner in Schach
zu halten.

Schirrmacher und Raschke mögen den Politikstil der
Kanzlerin zutreffend analysieren. Die Frage ist nur, ob das
in früheren Zeiten anders war – und ob die rigorose Unter-
ordnung des eigenen Strebens unter die großen Strömungen der Epoche nicht das wahre Merkmal historischer
Größe ist. Schon der Reichsgründer Otto von Bismarck
hatte erkannt, dass er sich dem Zug der Zeit nicht entge-
genstemmen konnte. Also setzte er sich selbst an die
Spitze der Bewegung. Den Nationalstaat, den er nicht ver-

hindern konnte, gründete er lieber selbst, und für den Reichstag setzte der Gegner aller demokratischen Bestrebungen das allgemeine Wahlrecht durch. Dem politischen Liberalismus, der nur in kleinen bürgerlichen Eliten Anhang fand, brach er damit das Genick.

Anders als Bismarck, der in Freund-Feind-Schemata dachte, und Schröder, der über »die andere Seite« sprach wie über einen zu vernichtenden Gegner, hat sich Merkel zu einer Meisterin des politischen Transformismus entwickelt. Der Begriff stammt aus dem Italien der Zeit vor dem Ersten Weltkrieg. Damals brach der liberale Ministerpräsident Giovanni Giolitti verhärtete innenpolitische Fronten auf, modernisierte das Land – und suchte sich seine Bündnispartner, wo er sie gerade fand. Im eigenen bürgerlichen Lager war die Entrüstung über die vermeintliche Prinzipienlosigkeit des Premiers ebenso groß wie in Teilen der Sozialistischen Partei, der er sogar Ministerposten anbot. In den Augen der Linientreuen war das der Gipfelpunkt politischer Korruption. Trotz aller Anfeindungen blieb Giolitti ein Jahrzehnt lang der unumschränkte Herrscher des politischen Geschehens. Alles in allem war es für Italien ein glückliches Jahrzehnt, in diese Zeit fiel nicht zuletzt die erste industrielle Aufholjagd des zuvor rein agrarisch geprägten Landes.

Manche Historiker sehen in Giolitti jedoch den Urheber einer politischen Krankheit, die Italien seither nicht mehr verlassen hat – eines politischen Opportunismus, der Überzeugungen stets dem Diktat des taktischen Nutzens unterordnet, einer steten Bereitschaft zu oberflächlicher Veränderung, um die darunterliegenden Machtstrukturen zu bewahren. Vor allem aber sehen sie im Transformismus des erfolgreichen Ministerpräsidenten die Ursache für die Schwäche eines Parteiensystems, das wenig später unter dem Ansturm des Faschismus kollabierte. Um Mussolini den Weg zu ebnen, war in Italien freilich noch ein Weltkrieg nötig.

Der Transformismus à la Merkel ist aus einer Schwäche des Parteiensystems hervorgegangen, die er weiter verschärft. Wenn fast alle Parteien die CDU-Vorsitzende im Zweifelsfall zur Kanzlerin wählen würden – dann gibt es kaum noch einen vernünftigen Grund, warum man dazu ausgerechnet die Christdemokraten wählen sollte. Deshalb bleibt Merkels Anschlussfähigkeit an unterschiedliche Koalitionspartner ihr größtes machtpolitisches Kapital. Funktionieren kann das allerdings nur, solange sich die anderen nicht gegen sie verbünden.

KAPITEL 10:
HALBHEGEMON

Politiker aus sechzig Staaten haben sich unter der Sonne des chilenischen Hochsommers fürs Gruppenfoto unter freiem Himmel aufgestellt, neben dem Kongresszentrum am nördlichen Rand der Hauptstadt Santiago. Alle tragen Schwarz oder Dunkelblau, auch die paar Frauen, die inzwischen dieser Runde angehören. Nur eine steht mit pfirsichfarbener Jacke und heller Hose in der ersten Reihe, ein Stückchen links der Mitte, eingerahmt von den Präsidentinnen der beiden größten Länder Südamerikas, Brasilien und Argentinien. Es sieht aus, als sei sie die wichtigste Person auf diesem Gipfel, und natürlich ist sie es auch: Angela Merkel, die deutsche Kanzlerin.

Nach den Regeln des Protokolls gehört sie gar nicht dort vorne hin, sie ist ja kein Staatsoberhaupt. Später am Konferenztisch wird ihre argentinische Sitznachbarin Cristina Kirchner sogar fragen, was das überhaupt ist, eine Kanzlerin, und was sie von einem Ministerpräsidenten unterscheidet. Aber die chilenischen Gastgeber haben dafür gesorgt, dass die deutsche Bundeskanzlerin dort vorne steht. Sie können kaum an sich halten vor Stolz, dass die wich-

tigste Frau Europas das Land besucht und die Regierungs-
politik in den höchsten Tönen lobt, zwei Jahrzehnte, nachdem der nicht ganz so wichtige Helmut Kohl als bislang
letzter deutscher Regierungschef in Chile war. Die Zeitungen des Landes sind voll von Merkel-Fotos, im regierungs-
nahen *Mercurio* ist sie am nächsten Tag elfmal abgebildet,
nicht ganz so oft wie einst im *Neuen Deutschland* der
Genosse Erich Honecker, dessen Witwe jetzt in Santiago
lebt. Zur Begrüßung hatte der chilenische Präsident die
deutsche Kanzlerin »un gran leader del mundo« genannt,
was das Bundespresseamt nicht mit »Führerin« übersetzt,
sondern mit »Führungsperson«, »eine große Führungsperson der Welt«.

Der französische Präsident François Hollande hat nur
seinen Premier geschickt, der britische Premier David
Cameron bloß einen Minister. Vielleicht wollten die beiden nicht um die halbe Welt fliegen, um dann nur als
zweitwichtigste Europäer behandelt zu werden. Womöglich hatten sie andere Verpflichtungen, sie sind daheim ja
nicht so unangefochten wie zuletzt die deutsche Kanzlerin,
und wahrscheinlich wussten sie auch, dass ihr Fernbleiben
nicht groß auffallen würde. Bei Merkel ist das anders. Ein
Gipfel zwischen den Staaten Lateinamerikas und der Europäischen Union ohne die Frau, die auf dem alten Kontinent
die Geschicke lenkt, wäre ein Affront gegenüber dem Gastgeber. Man hätte dann auf den ganzen Aufwand verzichten
können. Selbst den Ministerpräsidenten aus Madrid, der
für die spanischsprachige Welt noch immer eine wichtige
Rolle spielt, hat Merkel auf die Innenseiten der chilenischen Zeitungen verdrängt.

Alle wollen mit ihr reden. Für die vier Großen Lateinamerikas hat sie jeweils eine halbe Stunde reserviert, für die Präsidenten Mexikos und Kolumbiens und für die Kolleginnen aus Brasilien und Argentinien. Andere Regierungschefs, vor allem aus Europa, trifft sie in kurzen Intervallen zu jeweils zehn Minuten, ihre Berater haben die Termine vorher gemacht. Auch den Litauer wird sie treffen. »Dombrovskis«, sagt einer ihrer Mitarbeiter, doch sie entgegnet fachkundig: »Nee, Dombrovskis is' lettisch.« Fast alle der versammelten Politiker hat sie schon einmal getroffen. Mit mehr als sieben Jahren Amtszeit ist sie eine der Erfahrensten in dieser Runde. Um mit den wichtigen Kollegen aus Europa den Verhandlungsspielraum in Brüsseler Streitigkeiten auszuloten, reicht ihr oft ein kurzes Gespräch von fünf Minuten zwischen Tür und Angel.

»In Wahrheit ist Angela Merkel die Mitte der Macht in Europa«, schrieb der Journalist Nils Minkmar schon nach dem chaotischen G-20-Gipfel in Cannes Ende 2011. Deutschland hat längst die Führungsrolle in der Europäischen Union, obwohl es sie gar nicht wollte. Die seligen Zeiten sind vorbei, als die alte Bundesrepublik zwar das wirtschaftlich stärkste Land in Westeuropa war, im Gegenzug aber keinerlei Verantwortung übernehmen musste. In europapolitischen Fragen konnten sich die Bonner Politiker damals hinter Frankreich verstecken, in militärstrategischen Belangen hinter den Vereinigten Staaten.

Von innen wie von außen hat es nach 1990 an Versuchen nicht gefehlt, den Einfluss des größer gewordenen Deutschland zu begrenzen. Zunächst schien das Konzept aufzugehen, zumal Deutschland durch die enormen Lasten der Wiedervereinigung auch seine Rolle als ökonomisches Musterland einbüßte. Der Glaube an das Erfolgsmodell Bundesrepublik schwand. Die Arbeitslosigkeit wuchs, die Staatsverschuldung stieg an, die Leistungsfähigkeit der Sozialsysteme nahm ab. Internationale Vergleichstests widerlegten die Annahme, dass das deutsche Bildungssystem effizient sei und den sozialen Aufstieg fördere. Die Nachrichten vom Abstieg nahmen die Deutschen mit einer Gelassenheit hin, die auch viel Sympathisches hatte.

In der Bundesrepublik flossen die öffentlichen Gelder in den Neunzigerjahren vor allem in den Osten, während in Westdeutschland die Infrastruktur verrottete. Zur gleichen Zeit legten sich Frankreich, Spanien und selbst Italien ein ganzes Netz von Hochgeschwindigkeitsbahnen zu. Als Vorbild für Deutschland galten nun die Sozialreformen in den Niederlanden, die Kitas in Frankreich, die Ideen von »New Labour« im Vereinigten Königreich. Dass Deutschland der kranke Mann Europas sei, war im In- und Ausland Konsens. Man darf nicht vergessen, unter welchen Umständen Angela Merkel 2005 an die Regierung kam. Um eine vorzeitige Parlamentsauflösung zu rechtfertigen, schilderte der damalige Bundespräsident Horst Köhler mit weit aufgerissenen Augen den katastrophalen Zustand des Landes. Seine Begründung gipfelte, mit Blick auf den demographischen Wandel, in dem Satz: »Wir werden immer älter.«

Am Ende erwies es sich als Glücksfall, dass Deutschland innerhalb seiner eigenen Grenzen beide Teile des einst geteilten Kontinents vereinte und deshalb den kalten Wind der Globalisierung stärker verspürte. Das zwang das

Land früh zu scharfen Reformen, wie sie anderen europäischen Staaten erst jetzt in der Euro-Krise bevorstehen. Zudem bewährte sich das komplexe politische und ökonomische System, das vorschnelle Entscheidungen und Umschwünge verhindert. In der Zeit, in der England seine Industrie abschaffte und Spanien Unsummen für teils unsinnige Infrastrukturprojekte ausgab, wurde in Deutschland mit dem Betriebsrat verhandelt, vor dem Verwaltungsgericht prozessiert oder im Vermittlungsausschuss von Bundestag und Bundesrat um einen Kompromiss gerungen.

Zudem hatte die Einführung der europäischen Gemeinschaftswährung, von Mitterrand als Instrument der Einbindung Deutschlands ersonnen, den gegenteiligen Effekt. Es gibt in der Geschichte viele Beispiele, dass einheitliche Währungsräume die wirtschaftlich potenteren Regionen begünstigen – von der Einigung Italiens im 19. Jahrhundert, die den wirtschaftlichen Absturz des Südens nach sich zog, bis zur deutsch-deutschen Währungsunion des Jahres 1990, die der ostdeutschen Industrie den Garaus machte. In der Euro-Krise wurde der ökonomische Erfolg der Bundesrepublik vollends zur sich selbst erfüllenden Prophezeiung. Seit Deutschland trotz seiner hohen Gesamtverschuldung zur angeblich sicheren Fluchtburg für anlagewilliges Kapital geworden ist, zahlt der Finanzminister praktisch keine Zinsen mehr.

Die Deutschen nahmen ihre neue Stärke mit ähnlicher Gleichgültigkeit zur Kenntnis wie zuvor ihre ungewohnte Schwäche. Teilweise registrierten sie die Gunst ihrer Lebensumstände nicht einmal: Als der Rest Europas schon tief in der Krise steckte, machten sich die Deutschen laut Meinungsumfragen noch immer sehr viel größere Sorgen um ihren Arbeitsplatz als die meisten anderen Europäer. Hingegen scheint ihnen nicht bewusst zu sein, dass ihnen die neue Lage auch eine neue Verantwortung in Europa und der Welt aufbürdet.

Merkel vermittelt den Deutschen die neue Wirklichkeit, wie es ihre Art ist, nur in homöopathischen Dosen. »Sie hat diese Verantwortung nicht gewollt, aber sie nimmt sie auf sich«, schreibt der französische Merkel-Biograph Jean-Paul Picaper. Das stimmt in Bezug auf die Euro-Krise, aber die deutsche Außenpolitik als Ganzes hat Merkel nach ihrem Amtsantritt durchaus absichtsvoll neu ausgerichtet. Nach dem Ende der rot-grünen Regierungszeit 2005 urteilte der Historiker Hans-Ulrich Wehler, der scheidende Bundeskanzler Gerhard Schröder habe mit seinen Agenda-Reformen in der Innenpolitik fast alles richtig, mit seinen einsamen Entscheidungen in der Außenpolitik jedoch vieles falsch gemacht. Die Bewertung stand damals in krassem Gegensatz zu einer breiten Stimmung im Land, die Schröder für sein Nein zum Irak-Krieg feierte und die Agenda für schändlichen »Sozialabbau« hielt.

Seine Nachfolgerin lag mit ihrer Analyse zunächst eher bei Wehler. In der Außenpolitik sah sie sich als die Frau, die die von Schröder hinterlassenen Scherben zusammenkehren musste. Sie hofierte den amerikanischen Präsidenten George W. Bush und ging auf Distanz zu Schröders Freunden in Russland und China, was in der großen Koalition gelegentlich zu Konflikten mit ihrem Außenminister Frank-Walter Steinmeier führte. Aus Merkels Sicht galt die Scherbentheorie auch für die Europapolitik. Hier hinterließen ihr Schröder und Fischer die gescheiterte Vision eines europäischen Verfassungsvertrags, den sie nun durch den bescheideneren Lissabon-Vertrag ersetzen musste. Und von Kohl erbte sie die Konstruktionsmängel der Gemeinschaftswährung.

Seit sich die weltweite Finanzkrise in eine Krise der europäischen Gemeinschaftswährung verwandelt hat, funktioniert das alte Muster nicht mehr. »Deutsche Macht fürchte ich heute weniger als deutsche Untätigkeit«: Mit diesem Satz brachte der polnische Außenminister Radosław Sikorski im November 2011 zum Ausdruck, was viele Europäer dachten. Dass ausgerechnet ein Pole diesen Gedanken so pointiert vortrug, verlieh dem Ruf nach einer deutschen Führungsrolle zusätzliches Gewicht. Zu jenem Zeitpunkt war Merkel von den klaren Bekenntnissen zum Zusammenhalt der Währungsunion, die sie im Folgejahr vortragen sollte, noch weit entfernt. Es war klar, dass die Zukunft der Europäischen Union maßgeblich vom Agieren Deutschlands abhängen würde. Aber die Deutschen hatten sich dieser Einsicht noch nicht gestellt. Merkels Lavieren bildete diese Gemütslage nach außen hin ab.

Der Konstanzer Staatsrechtler Christoph Schönberger hat dieses Phänomen in die Formel eines »Hegemon wider Willen« gegossen. Dafür erntete er teils wütenden Widerspruch, der von einer mangelhaften Durchdringung außenpolitischer Probleme in der deutschen Öffentlichkeit zeugt oder, mit den Worten des Politikwissenschaftlers Herfried Münkler, von einem »politisch unerzogenen Volk«. Das Fehlen einer europäischen Zentralgewalt drängt den größten Mitgliedstaat in eine hegemoniale Rolle. Innerhalb der Bundesrepublik käme niemand auf die Idee, die Ministerpräsidentin von Nordrhein-Westfalen für die deutsche Politik im Ganzen verantwortlich zu machen – weil es dafür eben die Bundeskanzlerin gibt. Deshalb plädierte Merkels früherer Regierungssprecher Ulrich Wilhelm, jetzt Intendant des Bayerischen Rundfunks, im Sommer 2012 für eine Stärkung Brüssels: Nur so könnten sich die Deutschen der undankbaren Rolle eines europäischen Zucht- und Zahlmeisters entziehen, so Wilhelms These, die als Kritik an seiner zögerlichen Ex-Chefin zu verstehen war.

Die Europäische Union der Gegenwart hat in ihrer Konstruktion eine gewisse Ähnlichkeit mit dem jungen deutschen Nationalstaat von 1871, der ebenfalls nur ganz allmählich zusammenwuchs. Ein gemeinsames Zivilrecht trat erst nach drei Jahrzehnten in Kraft, die Zusammenlegung der Eisenbahnen ließ sich sogar erst nach der Abdankung der Fürsten am Ende des Ersten Weltkriegs verwirklichen. Vor allem aber ging das übermächtige Preußen mit seiner hegemonialen Stellung sehr zurückhaltend um. Es begnügte sich mit einer Minderheit der Stimmen im Bundesrat, es machte dem widerspenstigen Bayern mit Finanzhilfen den Beitritt zu dem neuen politische Gebilde schmackhaft, es glich den notorisch defizitären Haushalt klammer Kleinstaaten wie Waldeck-Pyrmont aus der eigenen Schatulle aus. Faktische Hegemonie setzt, wie der Jurist Schönberger schreibt, »bewusste Selbstbändigung« voraus.

Ihre halbhegemoniale Stellung bürdet den Deutschen

in Europa eine große Verantwortung auf. Der Euro hat sie nur verstärkt, angelegt war sie schon durch den Fall des Eisernen Vorgangs, die Wiedervereinigung und die Öffnung zum östlichen Mitteleuropa. Durch einen bloßen Austritt aus der Gemeinschaftswährung wäre sie deshalb auch nicht aus der Welt zu schaffen, selbst wenn ein deutscher Spitzenpolitiker das allen Ernstes wollte. Andere europäische Länder sind nur für ihr aktives Handeln verantwortlich, Nichtstun würde ihnen niemand zum Vorwurf machen. Für Deutschland ist das keine Option.

Dass in Deutschland der Eindruck entstand, Merkel sei in den europäischen Krisenländern nicht beliebt, kommt ihr als Wahlkämpferin zupass. Wenn Griechen oder Portugiesen gegen die Kanzlerin demonstrieren, gilt das zu Hause als Beleg, wie hartleibig sie deutsches Steuergeld verteidigt. Dabei trifft der Eindruck, Merkel sei in den Krisenländern durchweg unbeliebt, bei näherer Betrachtung gar nicht zu. Nach einer europaweiten Umfrage des amerikanischen Pew-Instituts aus dem Jahr 2012 war Merkel fast überall beliebter als der jeweils heimische Regierungschef. So hießen zum Beispiel 63 Prozent der Spanier die Politik der deutschen Regierungschefin gut, während der eigene Ministerpräsident Mariano Rajoy nur auf eine Zustimmungsrate von 45 Prozent kam. Selbst der damals noch relativ frisch ernannte italienische Übergangspremier Mario Monti lag mit einem Popularitätswert von 48 Prozent hinter der Berliner Amtskollegin zurück, die immerhin bei 55 Prozent der Italiener hoch im Kurs stand. Allerdings drückt sich darin vor allem ein Misstrauensvotum gegenüber der politischen Klasse des eigenen Landes aus, weniger ein überschwängliches Lob für Merkel; zudem hatten sich die Werte bei einer neuerlichen Umfrage im Mai 2013 deutlich verschlechtert.

Besonders krass fiel das mediale Zerrbild aus, als Merkel im Herbst 2012 den Portugiesen einen Besuch abstattete. Weil Ministerpräsident Pedro Passos Coelho seine deutsche Amtskollegin auf einer Festung empfing, berichteten die mitgereisten Journalisten, wie von Merkel gewünscht, über eine angeblich von Protesten belagerte Bundeskanzlerin. Nur im Kleingedruckten erfuhr man, was die Besucherin aus Deutschland vor ihrer heimischen Öffentlichkeit geheim halten wollte: dass es nur wenige hundert versprengte Demonstranten waren, die in der weit entfernten Innenstadt von Lissabon gegen die Politikerin aus der Uckermark protestierten.

Wie stets in der Euro-Krise, ist Griechenland auch in dieser Frage die große Ausnahme. Allein in dem Balkanland ist Merkel tatsächlich unbeliebter als der eigene Regierungschef. Nach den Zahlen des Pew-Instituts fand die deutsche Bundeskanzlerin dort nur bei 14 Prozent der Befragten Unterstützung. Den Kurs des Athener Ministerpräsidenten Antonis Samaras befürworteten hingegen 32 Prozent, auch dies ist im internationalen Vergleich ein bemerkenswert geringer Wert. Der Umfrage zufolge haben 78 Prozent der Griechen ein negatives Bild von Deutschland, hier sind sie ebenfalls die große Ausnahme auf dem ganzen Kontinent.

Wäre Angela Merkel in Westdeutschland aufgewachsen, hätte sie wahrscheinlich einen Schüleraustausch mit Frankreich gemacht oder mit dem Schulchor eine Konzertfahrt nach Italien unternommen. Bis in die Achtzigerjahre lag für die Bundesdeutschen des akademischen Milieus im Westen und Süden das Sehnsuchtsland, das für gutes Essen und guten Geschmack stand, für freundliche Umgangsformen und Lebenskunst. Es war das Gegenmodell zur Schrankwand aus Eiche und zum Abendbrot mit Leberwurst, die seinerzeit in Deutschland noch den Alltag bestimmten. Auch beeindruckte es die Westdeutschen der zweiten und dritten Nachkriegsgeneration, dass es selbst in einem Bergstädtchen in den Abruzzen so etwas wie ein öffentliches Leben gab, dass man abends nach draußen ging und nicht zu Hause vorm Fernseher verharrte. Manch ein Westdeutscher, der sich nach dem Mauerfall in Richtung Osten aufmachte, war von der dortigen Unkenntnis über diese Sehnsuchtsorte frappiert: Als der Publizist Erich Böhme damals die *Berliner Zeitung* übernahm und von seinem Ferienhaus im Périgord schwärmte, antworteten ihm nur ahnungslose Blicke, wurde aus der Redaktion kolportiert.

Europa war für die Westdeutschen der Schlüssel, um dem eigenen Nationalstaat zu entkommen, die Reiselust war auch eine Flucht aus dem langen Schatten der deutschen Geschichte. Die Bundesrepublik galt ihrer intellektuellen Elite als »postnationale Demokratie«. An die Stelle der Nationalisten waren Verfassungspatrioten getreten, die ihr Grundgesetz stolz unter dem Arm trugen. Die ostdeutsche Heimat der späteren Bundeskanzlerin war hingegen ein fremdes, unattraktives Land, das in den Urlaubsplanungen keine Rolle spielte. Stießen junge Besucher in West-Berlin auf Straßennamen wie Hallesches Ufer oder

Kottbusser Tor, hielten sie diese für Verweise auf historische Orte, nicht auf real existierende Städte der Gegenwart. Die Wenigen, die dennoch in die DDR fuhren, sahen dort entweder ihre verlorene Heimat oder das alte, zu überwindende Deutschland – von den Wehrmachtsuniformen der Armee über den preußischen Umgangston der Volkspolizisten bis zu den zerschossenen Kriegsruinen in den Städten. Dass einige westdeutsche Medien das Bild der DDR etwas zu rosig zeichneten, war weniger einer Vorliebe für den Sozialismus geschuldet als dem eigenen schlechten Gewissen: Man brauchte einen Vorwand, um die Brüder und Schwestern im Osten auf dem eigenen, postnationalen Weg nach Westen so schnell wie möglich vergessen zu können.

Auch die Physikerin Angela Merkel träumte in den Achtzigerjahren vom Westen, aber sie dachte dabei nicht an Frankreich oder Italien. Ihr Blick war auf die Bundesrepublik gerichtet, die sie 1986 zum ersten Mal besuchte. Das Land war ihr aus dem Westfernsehen vertraut, aber der erste Besuch war doch eine aufregende, fremde Erfahrung. Anlass der Reise war die Hochzeit einer Cousine in Hamburg, anschließend besuchte Merkel auf eigene Faust Kollegen in Karlsruhe und Konstanz. Am Bodensee überlegte sie allen Ernstes, ob es eine allein reisende Frau im Reich des finsteren Kapitalismus wagen könne, sich ein Hotelzimmer zu nehmen – und dafür das rare Westgeld zu verschwenden. Sie tat es, und sie überlebte es. Nach dieser Reise sei ihr klar gewesen, dass es zum westlichen Modell keine Alternative gebe, erzählte sie später.

Merkel träumte auch von einer Reise in die Vereinigten

Staaten. Wegen der Reisebestimmungen der DDR war damit allerdings erst im Rentenalter zu rechnen, vorerst musste sie sich mit englischsprachiger Lektüre begnügen, die sie frühmorgens am S-Bahnhof Schönhauser Allee erstand: »Wenn ich glücklich war, kriegte ich dort eine von drei angelieferten Ausgaben der Zeitung der kommunistischen Partei Großbritanniens, nämlich den Morning Star.« Mit dessen Hilfe brachte sie sich selbst Englisch bei. Irgendwann wurde das Blatt eingestellt, im Gedächtnis behielt die junge Physikerin die Hymne der amerikanischen Bürgerrechtsbewegung, die dort abgedruckt war: »If I had a hammer.«

Eine der ersten Auslandsreisen nach dem Fall der Mauer führte Merkel ins kalifornische San Diego, wo ihr Lebensgefährte Joachim Sauer 1990/91 bei einer Firma arbeitete, die Software für die chemische Industrie entwickelte. »Gleich 1990 sind mein Mann und ich das erste Mal in unserem Leben nach Amerika geflogen, nach Kalifornien«, sagte Merkel 2009 in ihrer Rede vor dem amerikanischen Kongress. »Niemals werden wir den ersten Blick auf den Pazifischen Ozean vergessen.« Eine große Reise durch die Vereinigten Staaten wird sie wohl tatsächlich erst im Ruhestand antreten können. Wie damals das Grenzregime der DDR, so schränkt heute ihr Amt die Reisefreiheit ein: Leider könne sie sich als Bundeskanzlerin nicht so lange und so weit von Mitteleuropa entfernen, noch dazu in Zeitzonen, die eine enge Kommunikation erschwerten, stellt sie gelegentlich bedauernd fest. Das Argument ist glaubwürdig: Selbst auf dienstlichen Auslandsreisen achtet Merkel darauf, dass sie pünktlich zu den Sitzungen der Parteigremien am Montag und der Bundestagsfraktion am Dienstag wieder in Berlin ist. Dass sie sich ihrer Sache nie zu sicher ist und stets misstrauisch bleibt, zählt gewiss zu den Erfolgsrezepten der Politikerin Angela Merkel.

Westeuropa gehörte nicht zu Merkels frühen emotionalen Prägungen. Sie hat sich die Europapolitik erarbeitet, Stück für Stück. Als Umweltministerin lernte sie die Brüsseler Verhandlungen gründlich kennen, das Fachgebiet war schon damals stark europäisiert. Als CDU-Vorsitzende verhinderte sie über die Europäische Volkspartei die Wahl des linksliberalen belgischen Integrationsbefürworters Guy Verhofstadt zum Präsidenten der EU-Kommission. Stattdessen hievte sie den konservativen Portugiesen José Manuel Barroso in das Amt, mit dessen Wirken sie in der Euro-Krise allerdings nur bedingt zufrieden war. Wenige Wochen nach ihrer Vereidigung brachte sie den Streit über den EU-Haushalt zu einer einvernehmlichen Lösung, damals noch in der Tradition Kohlscher Europapolitik mit einem finanziellen Beitrag Deutschlands.

Damit hatte sie sich auf dem Brüsseler Parkett etabliert und ist dort heute mit weiten Abstand die am meisten respektierte Politikerin – nicht nur wegen ihrer Macht, sondern vor allem auch wegen ihrer Detailkenntnis. Erlebt man sie in Hintergrundgesprächen zu europäischen Themen, ist sie mindestens so gut informiert wie ihre Beamten. Das kann für Journalisten, die sich gern große Perspektiven wünschen, mitunter enttäuschend sein.

Im Januar 2013 empfing Merkel die Spitzen des französischen Staates in Berlin, es galt, den fünfzigsten Geburtstag der deutsch-französischen Freundschaft zu begehen. Was hätte Helmut Kohl wohl für ein Spektakel daraus gemacht? Seine Nachfolgerin traf eine deutsch-französische Studentengruppe. Auch der französische Präsident François Hollande war dabei, mit dem sich die deutsche Kanzlerin bei dieser Gelegenheit zum ersten Mal öffentlich duzte. Während der anderthalb Stunden ließ Hollande kaum eine Gelegenheit aus, die Kanzlerin mit seinen europapolitischen Wünschen zu konfrontieren. Ein europaweites Programm gegen die Jugendarbeitslosigkeit müsse her, am besten durch die geplante Steuer auf Finanzgeschäfte finanziert. Überhaupt sei der Gemeinschaftsetat mit rund einem Prozent des europäischen Sozialprodukts doch bedenklich niedrig angesetzt.

Vielleicht auch wegen dieses schroffen Tons wartete Merkel am Schluss mit einer erstaunlichen Bemerkung auf: Sie bedaure, dass sie des Französischen nicht mächtig sei. Auch biete ihre jetzige berufliche Betätigung zu wenig Freiraum, um das Versäumte nachzuholen. »Ich glaube, dass man Frankreich nur verstehen kann, wenn man die Sprache spricht«, fügte sie hinzu. War es wirklich nur eine Aufforderung an die anwesenden Jugendlichen, das Idiom des Nachbarlandes zu erlernen? Oder wollte sie damit sagen, wie fremd ihr die Franzosen am Ende doch geblieben sind? Es trug jedenfalls zu dem nüchterngeschäftsmäßigen Gesamtbild bei, das von den Feierlichkeiten zum 50. Jahrestag des Elysée-Vertrags ausging.

Dabei sollte es äußerlich so locker wirken, wie Merkel und Hollande im »Amphitheater« des Kanzleramts auf unbequemen Hockern saßen und der Franzose etwas unbeholfen witzelte, über solch großzügige Räumlichkeiten verfüge sein in Wahrheit doch recht prachtvoller Elysée-Palast gar nicht. Vielleicht ist es auch ganz normal, wenn die Regierungen in Berlin und Paris ihre unterschiedlichen Interessen ganz offen artikulieren. »Dass wir hier so schön streiten können, zeigt doch, dass Europa schon fast Innenpolitik ist«, sagte Merkel im November 2012 vor dem Europaparlament, und in ähnlicher Form hat sie den Satz oft wiederholt. Deshalb hatte sie in Frankreich ja für den Vorgänger Nicolas Sarkozy Wahlkampf gemacht. Das kam jenseits des Rheins allerdings nicht so gut an, weshalb Sarkozy in der letzten Phase vor der Wahl auf Merkels Hilfe lieber verzichtete.

Merkels Wort von der europäischen Innenpolitik bedeutet aber nicht, dass sie auf einen machtvollen Einheitsstaat hinarbeitet. Sie ist recht zufrieden mit dem Status quo, der den Regierungschefs der Einzelstaaten das letzte Wort in den entscheidenden Fragen lässt. Das Prinzip der Einstimmigkeit bewahrt Deutschland am Ende davor, von den Begehrlichkeiten einer Mehrheit überrollt zu werden. Aber Merkels Skepsis erklärt sich nicht nur daraus, dass sie ihre eigenen Interessen im Kreis der Kollegen am besten durchsetzen kann. Sie ist auch Realistin genug, um die Schwierigkeiten zu kennen, die sich einer Änderung der europäischen Verträge entgegenstellen. Das hat sie spätestens in den schwierigen Verhandlungen um den Lissabon-Vertrag gelernt, die sie als fast einzige der amtierenden europäischen Kollegen noch selbst miterlebt hat.

KAPITEL 11:
DÄMMERUNG

Die Mathematik spricht gegen Angela Merkel. Nach zwei Wahlperioden ist die politische Energie eines deutschen Spitzenpolitikers in der Regel verbraucht. Im Kanzleramt ist das bei Helmut Schmidt und Gerhard Schröder so gewesen, Helmut Kohl hätte ohne die Wiedervereinigung dieselbe Erfahrung gemacht: Womöglich wäre er schon auf dem CDU-Parteitag 1989 gestürzt worden, spätestens die Bundestagswahl 1990 hätte er wohl gegen den jungen und dynamischen Oskar Lafontaine verloren, der damals noch als pragmatischer Wirtschaftspolitiker galt.

Unter den Ministerpräsidenten sind die Beispiele noch viel zahlreicher. Der Berliner Bürgermeister Klaus Wowereit ist in seiner dritten Wahlperiode politisch nur noch ein Schatten seiner selbst, der hessische Ministerpräsident Roland Koch wurde nach zwei Amtszeiten von einer unerfahrenen SPD-Kandidatin seiner Mehrheit beraubt und nur durch deren Ungeschick gerettet. Und der Versuch des niedersächsischen Kollegen Christian Wulff, sich vor einem ähnlichen Schicksal ins Berliner Präsidentenschloss zu retten, ist gründlich schief gegangen.

Der Machtverfall hat viele Gründe. Wenn die alten Gegner besiegt sind, frisst sich der politische Zersetzungsprozess allmählich durch die Reihen der einstigen Getreuen hindurch. Merkel hätte seinerzeit sicher nicht von einem Glücksfall gesprochen, wenn sie die Feindschaft eines Friedrich Merz, Jürgen Rüttgers oder Christian Wulff betrachtete oder gar Roland Koch, der in der Kandidatenfrage 2002 gegen sie intrigierte und den sie in einer Parteitagsrede einmal versehentlich »Kotz« nannte. Im Rückblick betrachtet, hätte ihr vermutlich nichts Besseres passieren können. Jede offene Attacke ihrer Parteifeinde rief fast zwangsläufig Solidarisierungseffekte an der christdemokratischen Basis und in der liberalen Öffentlichkeit hervor. Darüber hinaus verfingen sich die von sich selbst überzeugten Männer oft in ihren Eitelkeiten. Solange Merkel in der Partei nur Widersacher hatte, die als rückwärtsgewandt gelten konnten und die sich zudem in einem Pakt der westdeutschen Männer gegen die Frau aus dem Osten verschworen hatten, hatte sie die Logik der Geschichte auf ihrer Seite, die Sympathien des Publikums sowieso.

Seit Merkel als Kanzlerin unangefochten ist und die alten Gegner hinter sich gelassen hat, steht sie vor einer neuen Lage. Nun muss sie Entlassungsurkunden auch für einstige Weggefährten unterschreiben, wobei die Fälle unterschiedlich liegen. Norbert Röttgen agierte schon früh auf eigene Rechnung und verspekulierte sich bei der Suche nach einer eigenen Hausmacht in Nordrhein-Westfalen. Annette Schavan hielt Merkel stets die Treue, war aber nach der Aberkennung ihres Doktortitels als Ministerin nicht mehr zu halten. Sie bekam zum Abschied eine gemeinsame Pressekonferenz samt freundschaftlicher Würdigung geschenkt, die aus Sicht der Regierungschefin alles andere als selbstlos war. Mit dieser Geste machte Merkel die Umstände von Röttgens Entlassung vergessen, als die Öffentlichkeit für einen kurzen Moment über die Brutalität der Kanzlerin erschrocken war. Nun demonstrierte sie ihre Menschlichkeit und erteilte zugleich die Lehre, dass sich bedingungslose Treue zur Chefin selbst im politischen Untergang noch auszahlt. Zu nennen ist schließlich Ursula von der Leyen. Sie hat ihr Amt noch inne, agiert aber gleichfalls eigenständig, seit sie von Merkel bei der Präsidentenwahl 2010 instrumentalisiert worden ist.

Unter anderen Umständen hätte sich das alles zu einer Aufstandsbewegung zusammenballen können wie im Fall Helmut Kohls 1989. Damals wandten sich die alten Weggefährten, die einst gemeinsam mit Kohl für die Erneuerung der Partei gestritten hatten, gegen den Kanzler. Heiner Geißler, Lothar Späth und Rita Süssmuth wollten auf dem Bremer Parteitag im September jenes Jahres den Putsch versuchen. Allesamt hatten sie nicht ins Kalkül gezogen, wie sehr Kohl von dem gerade beginnenden historischen Umbruch profitieren würde. Selbst zwei Monate später, nach dem Fall der Berliner Mauer, beklagten sie nach einem Bericht des *Spiegel* noch, »wie wenig überzeugend Helmut Kohl in dieser Zeit historischer Umbrüche in Deutschland und Europa wirkt«. In der ersten Zeit nach dem Fall des Eisernen Vorhangs machte der spätere Kanzler der Einheit einen ähnlich orientierungslosen Eindruck wie Merkel nach dem Ausbruch der Finanz- und Euro-

Krise. Erst mit seinem »Zehn-Punkte-Plan« gewann er die Deutungshoheit zurück.

Die Euro-Krise wurde für Merkel, was für Kohl die Wiedervereinigung war: das Ereignis, das der eigenen Kanzlerschaft eine historische Aura verlieh und die Gesetze der politischen Lebenszyklen bis auf weiteres außer Kraft setzte. Im Rückblick erscheinen die krisenlosen ersten drei Amtsjahre Merkels als geradezu idyllische Phase ihrer Kanzlerschaft. Aus damaliger Sicht waren sie das nicht. Zwar gelang es der Anführerin einer großen Koalition, sich bei den Verhandlungen über den EU-Haushalt Ende 2005 und beim G-8-Gipfel in Heiligendamm 2007 auf internationalem Parkett zu etablieren und damit die Grundlage für ihre spätere Rolle als Krisenmanagerin zu schaffen. Innenpolitisch agierte das Bündnis aber keineswegs immer so konfliktfrei, wie es nach den Erfahrungen mit der FDP die Erinnerung verklärt – auch bei Merkels eigenen Leuten. In der vierjährigen Wahlperiode bekam es die Kanzlerin immerhin mit vier verschiedenen SPD-Vorsitzenden zu tun, und innerhalb der CDU war ihre Position nicht so unangefochten wie heute.

Der Herbst 2008 änderte alles. Der Zusammenbruch der amerikanischen Lehman-Bank zählt zu jenen historischen Einschnitten, nach denen tatsächlich alles anders ist als zuvor – im Unterschied etwa zu den Anschlägen vom 11. September 2001, bei denen das für Deutschland jedenfalls nicht galt. Für einen Augenblick stockte den Entscheidungsträgern aus Politik und Wirtschaft der Atem, sie hielten den völligen Zusammenbruch des westlichen Systems nicht für ausgeschlossen. Der Gesamtbevölkerung wurde der Ernst der Lage spätestens klar, als Merkel gemeinsam mit ihrem Finanzminister Peer Steinbrück vor die Fernsehkameras trat und die Sparguthaben der Deutschen garantierte. Die Kanzlerin lenkte die Aufmerksamkeit des Publikums auf eine Krise, die sie mit ihrem Auftritt zugleich zu beruhigen trachtete: Die Szene im Kanzleramt war eine der großen Stunden der politischen Dialektik.

Als die Vertrauenskrise dann über die Banken hinausgriff und auch die Staatsanleihen wirtschaftlich schwächerer Euro-Länder erfasste, war die Aufgabe weitaus komplexer. Mit den Mitteln einzelstaatlicher Gesetzgebung war nun nichts mehr zu gewinnen, nationale Ressentiments griffen wieder um sich, die komplexen Folgewirkungen jedweder politischen Entscheidung waren kaum zu kalkulieren. Doch wieder blieben die Deutschen erstaunlich ruhig. Natürlich lag das auch daran, dass Deutschland nicht nur von der Krise verschont blieb, sondern in vielfältiger Weise von ihr profitierte: durch die niedrigen Zinsen, die es nun für seine Staatsanleihen bezahlte, durch den günstigen Euro-Kurs, der die deutsche Exportwirtschaft stimulierte, durch die große Zahl junger und qualifizierter Einwanderer, die nun aus Südeuropa ins Land kamen. Aber wie leicht hätte schon die Furcht vor einem Zusammenbruch der eigenen Währung zu hysterischen Ausbrüchen führen können in einem Land, das der »German Angst« den Namen gab und das angeblich vom Trauma der Inflation geprägt ist. Wie nahe hätte es gelegen, nationale Ressentiments zu mobilisieren gegen die Griechen, die das ganze Währungsproblem mit gefälschten Haushaltszahlen ausgelöst hatten. Zeitweise geschah dies zwar auch, aber es blieb bislang ein Randphänomen. Bis zur Drucklegung dieses Buches erhielt die Anti-Euro-Partei »Alternative für Deutschland« in den Meinungsumfragen nur bescheidene Zustimmungsraten.

Wahrscheinlich war auch viel Verdrängung dabei: Die Deutschen wollten es gar nicht so genau wissen, und wer mochte es ihnen verdenken angesichts einer Lage, in der auch Experten völlig widerstreitende Meinungen vertraten. Harmoniesüchtig, wie sie sind, erwarteten die Deutschen alles auf einmal: Natürlich sollte der Euro erhalten bleiben – jetzt, wo es ihn gab, wäre alles andere für die eigenen Ersparnisse zu riskant. Natürlich sollten die Griechen nicht allzu sehr leiden, zumindest nicht auf die Gesundheitsversorgung verzichten und in ungeheizten Wohnungen sitzen. Und natürlich sollte das alles für Deutschland nichts kosten, jedenfalls nicht so viel, dass deshalb womöglich Renten gekürzt oder Opernhäuser geschlossen werden müssten. Das alles erwarteten die Bürger von einer Kanzlerin, die ihrerseits stets erklärte, dass es einfache Lösungen in der Euro-Krise nicht gebe.

Merkels Bild in den Geschichtsbüchern wird am Ende davon abhängen, wie Europa aus der Krise hervorgeht. Ein Zerbrechen der Gemeinschaftswährung wäre ihre historische Schuld, das Vermeiden eines großen Knalls und der Erhalt eines demokratischen, mindestens auf dem heutigen Niveau integrierten Europas schon für sich genommen ein Erfolg. Niemand kann den Ausgang heute seriös vorhersagen, obwohl die schiere Dauer der Krise mittlerweile zu einem gewichtigen Argument gegen die katastrophischen Prognosen geworden ist. Aber man soll sich nicht täuschen: Die Folgen des Gründerkrachs im Deutschen Kaiserreich blieben zwei Jahrzehnte lang spürbar, bis die Hochkonjunktur wieder einsetzte. Und die Weltwirtschaftskrise der Jahre nach 1929 wurde erst durch Rüstungsproduktion und Nachkriegsaufschwung überwunden. Wie sich die Wirtschaft entwickelt hätte, wenn Deutschland den Zweiten Weltkrieg nicht entfesselt hätte, wissen wir nicht. Jedenfalls rutschten die Vereinigten Staaten noch einmal kräftig in die Rezession, als Präsident Roosevelt 1936 die Staatsausgaben zurückfuhr. Entscheidend bleibt aber die Einhegung der politischen Folgen: Während die Demokratie in Amerika von der ökonomischen Misere im Kern unberührt blieb, glitt Deutschland in die Diktatur. Das ist der Kern des deutschen Krisentraumas.

Eine Wahlhelferin ist die Krise für Angela Merkel nur, solange sie anhält. Aus diesem Blickwinkel betrachtet, mag ihr der Streit um die zyprischen Spareinlagen im März 2013 durchaus ins Konzept gepasst haben, rief er den Deutschen nach Monaten der Ruhe doch in Erinnerung, wofür sie ihre Krisenkanzlerin noch brauchen könnten. Sind die Künste der Euro-Managerin nicht mehr gefragt, ist die politische Zukunft wieder offen. Dankbarkeit ist nicht nur unter Politikern, sondern auch bei Wahlen keine Kategorie. Die Briten wählten ihren Kriegspremier Winston Churchill ungerührt ab, kaum dass die Tinte unter der deutschen Kapitulationserklärung trocken war. Anders als die Briten neigen die Deutschen mit ihrer nach 1945 entwickelten Sicherheitsfixierung allerdings eher dazu, den Garanten dieser Stabilität zu lange die Treue zu halten: Adenauers Wiederwahl 1961 war, wie Kohls Bestätigung 1994, eher eine Würdigung historischer Verdienste als ein Mandat für die Zukunft.

Merkels größtes innenpolitisches Kapital ist, anders als bei Kohl, nicht die Mobilisierungskraft im eigenen Milieu, sondern die koalitionspolitische Anschlussfähigkeit gegenüber anderen Wählerschichten. Zeitweise war die Kanzlerin bei den Anhängern von SPD und Grünen beliebter als ihr sozialdemokratischer Herausforderer Peer Steinbrück, der mit seinem »Klartext«-Anspruch eher als Vertreter eines überholten Basta-Stils wahrgenommen wurde.

Wahlarithmetisch kann sich Merkel ihrer Kanzlerschaft am sichersten sein, wenn sie gemeinsam mit der FDP eine Mehrheit erringt. Das Restrisiko, dass Rot-Grün entweder die Linke oder die FDP als Mehrheitsbeschaffer gewinnt, wäre dann eliminiert. Denn so sehr die Liberalen zuletzt auch politische Lockerungsübungen betrieben, eine klare parlamentarische Mehrheit mit den Unionsparteien könnten sie so wenig ausschlagen wie Merkel.

Bei allem Frust über den Koalitionspartner während der zurückliegenden vier Jahre wäre eine solche Konstellation für Merkel weiterhin beherrschbar, ohne dass sie deshalb zwangsläufig die Sympathie der Deutschen verlöre. Da es zu ihrem großen Glück keine schwarz-gelbe Mehrheit im Bundesrat mehr gibt, könnte sie liberale Wünsche unter Verweis auf die Blockademacht der SPD nach Belieben abschlagen, faktisch eine Politik der großen Koalition exekutieren und die »Kanzlerin aller Deutschen« bleiben. Eine solche Allparteienkoalition würde allerdings neben der FDP im Bund auch die Grünen in den Ländern einschließen und deshalb Verhandlungszwänge erzeugen, die den Ansprüchen des Publikums an politische Ästhetik und Handlungsfähigkeit zuwiderliefen – auch wenn Merkel vermutlich mit ihnen umzugehen wüsste.

Nach vier Jahren Schwarz-Gelb wünschen sich die Deutschen schon eine Neuauflage der großen Koalition aus den Jahren 2005 bis 2009, die im Nachhinein zu einem Idealbild vernunftgemäßen Regierens verklärt wird. Das hat viel mit Erwartungshaltungen zu tun: Weil man Union und SPD seinerzeit wenig Gemeinsamkeiten zutraute, nahm man ihr Zusammenspiel als unerwartet harmonisch wahr. Und weil Union und FDP ungeachtet ihrer inzwischen sehr gegensätzlichen Weltanschauungen als »Wunschpartner« galten (was sie für Merkel bestenfalls in einem instrumentellen Sinne waren), betrachtete man ihre absehbaren Zielkonflikte als Abgrund an Zerstrittenheit. Man soll die Friktionen einer neuerlichen großen Koalition gleichwohl nicht unterschätzen. Das Bündnis mit Merkel bescherte der SPD 2009 einen Verlust von mehr als zehn Prozentpunkten. Die Neigung der Sozialdemokraten, der Kanzlerin durch eine gedeihliche Zusammenarbeit den Glorienschein der weisen Weltenlenkerin zu erhalten, wird deshalb wenig ausgeprägt sein. Auch in einer solchen Konstellation würden im Übrigen FDP und Grüne als Koalitionspartner der beiden Großparteien über den Bundesrat mitreden.

Bis ins Letzte plausibel sind daher die Argumente gegen die Hypothese nicht, Angela Merkel könne womöglich ein Bündnis mit den Grünen schließen und die Deutschen damit noch einmal überraschen. Das von der Kanzlerin selbst angeführte Argument, eine solche Koalition verfüge über keinerlei Stimmen im Bundesrat, überzeugt jedenfalls nicht. Allenfalls ist es als Hinweis auf die große Koalition als geheimes Wunschbündnis zu verstehen, denn eine Neuauflage von Schwarz-Gelb käme nach dieser Logik ebenfalls nicht in Frage: Eine solche Koalition regierte zuletzt nur noch in Sachsen, Hessen und Bayern, mit jeweils ungewissen Zukunftsaussichten. Auch manche Feststellung, über diese politische Konstellation sei die Zeit hinweggegangen, muss man nicht für bare Münze nehmen: Schließlich kamen Regierungskonstellationen in Deutschland oft erst zu einem Zeitpunkt zustande, den die interessierte Öffentlichkeit als zu spät empfand.

Angela Merkel hat anders als ihre Vorgänger bereits mit zwei verschiedenen Koalitionspartnern regiert. Der Ehrgeiz, es noch einmal mit einer neuen Kombination auszuprobieren, ist ihr durchaus zuzutrauen. Auch ein beträchtlicher Teil der grünen Führungsriege stellt sich ungeachtet beidseitiger Dementis darauf ein, nach der Wahl von der christdemokratischen Parteiführerin ein unmoralisches Angebot unterbreitet zu bekommen. Bislang gilt die Parole, dass man es ablehnen müsse. Tatsächlich hat Merkel wichtige Symbolthemen, mit denen sie den Grünen ein Bündnis schmackhaft machen könnte, bereits aus der Hand gegeben. Vor allem die Verkürzung der Atomlaufzeiten zählt dazu. Dass sich die Grünen inzwischen so stark in der Steuerpolitik engagieren, könnte die Operation anders als vermutet sogar erleichtern. Dieses Feld steht aufgrund seiner Komplexität für Kompromisse weit offen, und die Fragen, die sich hier stellen, unterscheiden sich bei schwarz-roten oder schwarz-grünen Koalitionsverhandlungen nicht dramatisch. Ein Tausch des höheren Spitzensteuersatzes gegen Erleichterungen bei kleinen und mittleren Einkommen könnte beispielsweise in jeder der beiden Kombinationen den Beteiligten einen Erfolg bescheren. Gerade weil sich die Grünen programmatisch so stark an die SPD angenähert haben, wird Merkel die beiden Parteien bei möglichen Koalitionsverhandlungen gut gegeneinander ausspielen können.

Man darf sich allerdings kein allzu idyllisches Bild von den Herausforderungen machen, vor denen die künftige Regierung steht. Der Honigmond des deutschen Staatshaushalts wird nicht ewig anhalten, mit praktisch zinslosen Krediten und Rekordeinnahmen bei Steuern oder Sozialversicherung. Auch wird die neue Regierung irgendwann nicht mehr darum herumkommen, die Kosten von Banken-Rettung und Euro-Stabilisierung im offiziellen Staatshaushalt zu verbuchen. Spätestens wenn auch die öffentlichen Gläubiger auf einen Teil ihrer Griechenland-Kredite verzichten müssen, um die allmähliche Konsolidierung des Landes nicht zu gefährden, wird es so weit sein. Die Beträge, um die es in diesem Zusammenhang geht, sind im Vergleich zu den Kosten der Wiedervereinigung zwar immer noch relativ gering. Doch für unangenehme Debatten in der Innenpolitik reichen sie allemal, womöglich vermögen sie auch die Bereitschaft von Anlegern zu dämpfen, ihr Kapital dem deutschen Finanzminister praktisch ohne Gegenleistung anzuvertrauen. In jedem Fall wird sich der Nutzen, den Merkel aus der großen Krise zieht, allmählich erschöpfen. Beruhigt sich die Lage in Europa, kann sie von ihrem Status als Weltstaatsfrau nicht mehr zehren, beruhigt sie sich nicht, wird das Scheitern der Pazifizierungsversuche irgendwann auch ihr angelastet.

Die Vollendung von Merkels zweiter Amtszeit ist eine Zäsur. Sie lädt dazu ein, sich vor Augen zu führen, wie sehr diese Politikerin in 13 Jahren als Parteivorsitzende und acht Jahren als Kanzlerin das Land verändert hat; vermutlich hat sie die Partei sogar stärker umgewälzt als das Land. Durchgreifend liberalisiert hatte sich die Bundesrepublik bereits während der 16 Amtsjahre Helmut Kohls, der stets als die Symbolfigur des Alten und Muffigen galt. Die rot-grüne Regierung hat diesen Wandel dann in Gesetze gegossen, die damals von den Unionsparteien entschieden bekämpft wurden. Vollendet werden konnte dieser Wandel erst von der Partei, die sich die konservative nennt: Die Parteivorsitzende Merkel setzte gleich zu Beginn das Bekenntnis der CDU zum Einwanderungsland Deutschland durch, mit Hilfe einer Kommission unter dem saarländischen Ministerpräsidenten Peter Müller. In der Regierung bediente sie sich dann der Ministerin Ursula von der Leyen, um das Familien- und Frauenbild der CDU à jour zu bringen.

Indem sie auf beiden Feldern Akteure einspannte, die von Haus aus nicht zu ihren engsten Vertrauten gehörten, machte sie sich persönlich unangreifbar. Das ändert nichts an ihren Verdiensten, und es ändert vor allem nichts daran, dass sich auf diesen identitätspolitischen Feldern der entscheidende Wandel vollzog – oder immer noch vollzieht, wie die Debatte um die Homo-Ehe zeigt. Die Programmbestände, die Merkel in ihrer zweiten Amtsperiode als Kanzlerin abräumte, fallen unter diesem Gesichtspunkt weniger ins Gewicht: Ideengeschichtlich lässt sich schwer begründen, inwiefern das Festhalten an der Wehrpflicht oder die zivile Nutzung der Atomenergie Kernbestände konservativen Denkens sind.

Merkels persönlicher Anteil an diesem Wandel ist umstritten. Oft wird versucht, sogenannte wahre Absichten zu ergründen, und es wird bestritten, dass sie überhaupt etwas wolle. Aber so einfach liegen die Dinge nicht, in der Politik nicht und nicht sonst im Leben. Natürlich hat Merkel die Erneuerung auch selbst betrieben. Es wäre aberwitzig, etwas anderes zu behaupten, und der tiefe Hass, der ihr phasenweise aus einigen Teilen der Partei entgegenschlug, ist dafür ein eindrucksvoller Beleg. Aber mindestens im selben Maße ist der Umstand, dass eine Politikerin wie Merkel überhaupt an die Spitze der konservativen Partei und schließlich des ganzen Landes aufrücken konnte, bereits eine Folge der gesellschaftlichen Veränderung. Und manche Dinge hat sie schlichtweg durch ihr bloßes Dasein aufgebrochen. »Margaret Thatcher war keine Frauenpolitikerin«, erklärte Merkel nach dem Tod der britischen Politikerin im Frühjahr 2013. »Aber indem sie sich zu Zeiten, als dies noch nicht selbstverständlich war, als Frau im höchsten demokratischen Amt behauptete, hat sie vielen nach ihr ein Beispiel gegeben.« Den Satz hätte die Kanzlerin, bei allen sonstigen Unterschieden, auch über sich selbst sagen können.

Möglicherweise sind die Deutschen, insbesondere die

Linksliberalen des alten Westens, manchmal ein bisschen zu selbstgewiss. Bei aller Selbstkritik, derer sie sich rühmen, halten sie sich für das modernste, aufgeschlossenste, toleranteste, friedlichste Volk auf der Welt, das zudem die Umwelt respektiert, ein aufgeklärt-entspanntes Verhältnis zur eigenen Nation pflegt und die Fixierung aufs Materielle hinter sich gelassen hat. In dieser Aufzählung mögen einige Lebenslügen enthalten sein: Der Durchschnittsdeutsche verursacht mehr Treibhausgase als der in Umweltfragen angeblich ignorante Italiener, im Vergleich zu Amerika lässt die Aufgeschlossenheit Einwanderern gegenüber noch sehr zu wünschen übrig, jeder missratene Nazi-Vergleich belegt aufs Neue, dass das Verhältnis zur Nation ganz so entspannt nun auch wieder nicht ist. Und erst ein dramatischer Wirtschaftsabsturz könnte zeigen, wie wichtig das Sozialprodukt hierzulande wirklich ist. Aber die Einwände sind doch allesamt sehr relativ, im Vergleich zum Gesamtbild anderer Länder und mehr noch zu den meisten Epochen der deutschen Geschichte. Nicht zuletzt dafür, dass sie diese Kanzlerin haben, werden die Deutschen – bei aller Kritik an ihnen und an Angela Merkel – in aller Welt bestaunt.

Dabei bleibt die Beziehung zwischen diesem Volk und seiner Regierungschefin auch im achten Jahr paradox. Vieles spricht dafür, dass die einzige im Ostblock sozialisierte Politikerin an der Spitze eines mehrheitlich westeuropäischen Landes die Bewohner im alten Westen des Kontinents für allzu behäbig und selbstgewiss hält, dass sie insbesondere ihren Deutschen auf vielen Feldern zutiefst misstraut, vom Verhältnis zur nationalsozialistischen Vergangenheit bis zur ökonomischen Leistungsbereitschaft, vom Pazifismus bis zur Atom-Angst. Mit den Jahren hat sich Merkel darauf eingestellt, und oft mutet sie das, was sie wohl für die Tatsachen hält, ihren Wählern nur in verträglichen Dosen zu. In einer dialektischen Volte hat es gerade diese fremde Kanzlerin geschafft, zur beliebtesten Regierungschefin seit Gründung der Bundesrepublik aufzusteigen, vor allem was die Zustimmungsraten jenseits der Parteianhängerschaft betrifft.

Mit ihrem protestantischen Leistungs- und Verzichtsethos spricht sie eine tief sitzende Prägung der Deutschen an, die solche Prinzipien durchaus schätzen, auch wenn sie selbst sie nicht immer praktizieren. Spätestens seit der Euro-Krise gilt Merkel vielen als die einzig Vernünftige in einem Umfeld der Profilierungssüchtigen im In- und Ausland, in dieser Frage scheinen sich Selbst- und Fremdbild anzugleichen. Die Episoden der Harmonie, die es zuletzt im Verhältnis zwischen den Deutschen und ihrer Kanzlerin gab (oder, je nach Perspektive, zwischen der Kanzlerin und ihrem Volk): Sie haben einen Grund wohl auch darin, dass nicht wenige Deutsche das Misstrauen Merkels gegenüber ihren Landsleuten durchaus teilen. Bleibt Merkel an der Macht, werden beide Seiten in diesem Punkt noch einiges Vergnügen miteinander haben.

So gesehen ist die Frage falsch gestellt, ob Merkel mit ihrem Hang zu einer faktischen Allparteienkoalition die Demokratie in Deutschland zugrunde gerichtet hat. Unter dem Gesichtspunkt der politischen Erfolgs- oder Gesinnungsethik kann niemand von einer Kanzlerin ernsthaft die Rückkehr zu Konfliktlinien verlangen, die es in der Gesellschaft kaum noch gibt. Und im Vergleich zu anderen Ländern sind die pragmatischen Deutschen mit ihrer pragmatischen Regierungschefin nicht schlecht gefahren: Die Italiener sind seit fast zwei Jahrzehnten in Anhänger und Gegner Silvio Berlusconis tief gespalten, in Spanien beharken sich konservative und sozialistische Teile der Öffentlichkeit, als wollten sie den Bürgerkrieg fortführen, und in Frankreich hat die politische Klasse für die praktischen Probleme der wirklichen Welt nur selten ein offenes Ohr. Beim Blick auf derlei politische Blockaden scheint die deutsche Version der Konkordanzdemokratie das kleinere Übel zu sein. Und wenn sich Merkels politische Kräfte erschöpfen, wird sich ein Sozialdemokrat finden, der das Pendel des demokratischen Machtwechsels in Schwung hält.

So wenig ein abschließendes Urteil über Merkels Euro-Politik schon möglich erscheint: Ihre Leistung besteht schon jetzt darin, dass wichtigste Land des Kontinents in der Krise ruhig gehalten und die große Utopie der Vereinigten Staaten von Europa heruntergedimmt zu haben auf eine Politik der kleinen Schritte, ohne sie aufzugeben. Morgen droht der Zusammenbruch der Währung, der Wirtschaft, des Kontinents? Dann lasst uns doch erst einmal die Details der Griechenland-Umschuldung anschauen, anschließend befassen wir uns mit den genauen Kompetenzen der europäischen Bankenaufsicht – und wenn es dann noch Leute gibt, die Zeit für Aufregungen haben, verhandeln wir erst einmal über den europäischen Haushaltsplan der nächsten sieben Jahre.

So funktioniert Geschichte nun einmal, die Physikerin Merkel hat das mindestens so gut begriffen wie der Historiker Kohl. Bekanntlich ist die erste deutsche Demokratie vor 80 Jahren an der Sehnsucht nach großen Lösungen zerbrochen und nicht an einer überbordenden Liebe zum Klein-Klein des unschönen Kompromisses. Die letzte Phase der Weimarer Republik begann mit der Unfähigkeit der Parteien, sich auf die Beitragshöhe bei der Arbeitslosenversicherung zu einigen, und sie endete 1933 mit dem dringenden Wunsch einer reaktionären Kamarilla um den Reichspräsidenten, dem Parteienhader lieber ein Ende mit Schrecken zu bereiten, als dem vermeintlichen Schrecken ohne Ende weiter zuzusehen. Mit etwas mehr Pragmatismus hätte man sich auch ohne den böhmischen Gefreiten noch ein paar Monate über die Krise hinweghangeln können, und schon ein Jahr später hätten die Dinge vielleicht ganz anders ausgesehen. Jedenfalls gab es erste Anzeichen für eine wirtschaftliche Erholung – ob trotz oder wegen der viel kritisierten Austeritätspolitik des vormaligen Reichskanzlers Heinrich Brüning, das ist unter Historikern umstritten. Und auch die Zustimmung der Wähler zu den Nationalsozialisten ging zurück, was Hitlers große Eile erklärte, nun ganz schnell in die Reichskanzlei an der Berliner Wilhelmstraße einzuziehen.

Das alles erscheint heute gottlob unendlich weit entfernt. Die Geschichte mag noch manche Schrecken bereithalten, aber gewiss kein Ende. Für das, was Merkel mit ihren Deutschen und in Europa unter den Umständen der verflüssigten Demokratie immerhin geschafft hat, gibt es ein schönes italienisches Wort. Es heißt »governabilità«, auf Deutsch: Regierbarkeit. In Zeiten großer Krisen ist das nicht wenig.

DANK

Ein Buch wie dieses ist nicht denkbar ohne die Gespräche, die ich über die Jahre mit Politikern, Experten, Kollegen aus eigenen und fremden Redaktionen geführt habe. Wichtige Hinweise verdanke ich auch Freunden und Bekannten, die meinten, über das Thema gar nichts Neues mehr sagen zu können – und die mich mit einer absichtslos hingeworfenen Bemerkung dann doch auf neue Wege führten. Dafür danke ich allen, die ich hier gar nicht namentlich nennen kann und die das zum Teil auch selbst nicht möchten. Besonders hervorheben will ich jedoch die Redaktionen der Frankfurter Allgemeinen Sonntagszeitung und der taz, die mir die intensive Beschäftigung mit der Bundespolitik ermöglicht haben; in einzelnen Abschnitten des Buches greife ich auf eigene Beiträge aus dieser Zeit zurück. Mein Dank gilt meinem Herausgeber Holger Steltzner und meinem Ressortleiter Rainer Hank, die mir großzügig eine sechswöchige Auszeit zur Niederschrift des Manuskripts gewährt haben, sowie den Kolleginnen und Kollegen, die während dieser Zeit die Arbeitslast in der Redaktion getragen haben. Susanne Leinemann, Georg Löwisch und Ulrich Schulte haben das Manuskript begutachtet, mich auf Fehler aufmerksam gemacht oder Unsicherheiten beseitigt. Schließlich danke ich allen Beteiligten im Verlag Klett-Cotta – insbesondere Tom Kraushaar, mit dem ich bei einem Mittagessen die Idee für dieses Buch entwickelt habe, und vor allem meiner Lektorin Teresa Löwe-Bahners, die mir erneut mit souveräner Hand und viel Geduld zur Seite stand. Sollten am Ende dennoch grobe Irrtümer oder Fehleinschätzungen verblieben sein, geht das allein auf Rechnung des Autors.

Berlin, 21. Mai 2013

QUELLENNACHWEIS

Seite 7 »Wir machen uns ja sonst zur Komikernation«: Sitzung der CDU-Gremien, 16.7.2012, nach Angabe von Teilnehmern; »Ich will nicht … ausüben können«: ebd.; **Seite 12** »Zu Wagner habe ich durch meinen Mann gefunden«: Westwärts streift der Blick, ostwärts streicht das Schiff, Interview mit Angela Merkel, F.A.Z., 25.7.2005, S.33 f.; »das bittere Ende … ersten Ton an«: ebd.; **Seite 13** »Bei Lichte … der Welt«: Jonathan Carr, Der Wagner-Clan, Geschichte einer deutschen Familie, Tb. Frankfurt a.M. 2010, S.428; »das Bedürfnis, in Polen einzumarschieren«: Woody Allen, Manhattan Murder Mystery, 1993; »zu einem Viertel polnisch«: Mut zu Zwischentönen, Interview mit Angela Merkel, Spiegel, 25.12.2000, S.36–38; **Seite 14** »Dienen«: Westwärts streift der Blick (wie Seite 12); **Seite 15** »Koalition der Opernbesucher«: Ulrike Herrmann, Koalition der Opernbesucher, taz, 25.2.2008, S.1; »Ohne mich damit … ziemlich lang«: *Die SPD wäre langweiliger*, Interview mit Ole von Beust, taz, 13.5.2008; »Ich bin nie sehr weit gekommen mit der Popmusik«: Westwärts streift der Blick (wie Seite 12); »Fußball zu sehen hat mir immer Spaß gemacht«: *Ballack sächselt wenigstens noch*, Interview mit Angela Merkel, SZ, 7.6.2008; »Dinnerpartys veranstalte … Bosque einladen«: Auf ein Wort, Frau Merkel, SZ-Magazin, 10.8.2010, S.8 ff.; **Seite 16** »Vicente del Bosque … bescheiden ist«: Roland Zorn, Der spanische Lokführer, F.A.Z., 10.7.2010, S.25; **Seite 17** »Baron aus Bayern«: Erstmals auf einer Kundgebung in Ilsede, vgl. Daniel Delhaes, Schröder röhrt wie eh und je, Handelsblatt, 26.5.2009, S.6; »prolligen Parvenü«: Martin Halter, Das letzte Wort: Der Baron aus Bayern, Badische Zeitung, 6.6.2009; »wissenschaftler aus Heidelberg«: Gerhard Schröder auf dem SPD-Wahlparteitag in Berlin, 1.9.2005, vgl. Kerstin Schwenn, Streit um Kirchhofs Rentenvorschläge, F.A.Z., 1.9.2005, S.12; »Angela Murkel … neben dem Teller«: Leander Steinkopf, Fast wie im richtigen Leben, F.A.S., 3.3.2012, S.49; »wissenschaftlichen Assistenten«: Angela Merkel vor Journalisten in Berlin, 21.2.2011; **Seite 18** »nicht nur heimlich«: *Ich schäme mich nicht nur heimlich*, Interview mit Annette Schavan, SZ, 28.2.2011, S.6; **Seite 19** »Bankersause«: Hanna Gersmann, Merkels große Bankersause, taz.de, 26.7.2012; **Seite 22** »Als wir im Herbst … Linsensuppe gegessen«: *Scheitert der Euro, dann scheitert mehr*, Interview mit Angela Merkel, SZ, 15.5.2010, S.8; »Alle Gerichte … die Reichen«: Silvia Rossi, Onorevoli a tavola, Parlamento e governo confessano i loro gusti in cucina, Rom 2005, S.66–69; **Seite 23** »unter dem Gewicht … gerundet haben«: Jean-Paul Picaper, Angela Merkel, La femme la plus puissante du monde, Paris 2010, S.252; **Seite 24** »Es gab viele Gründe … eigentlich nicht vor«: Michael Schindhelm, Eine Wonne der Gewöhnlichkeit, taz, 22.11.2005, S.13; **Seite 27** »Ich habe wenig Verständnis … Friedensgarant ist«: Helmut Kohl auf der nachträglichen Feier zu seinem 80.Geburtstag, Ludwigshafen, 5.5.2010, eigene Mitschrift; »Helmut Kohls pro-europäische Haltung«: Angela Merkel auf der Feierstunde zum 30.Jahrestag von Kohls Kanzlerwahl, Berlin, 27.9.2012, http://www.bundesregierung.de/Content/DE/Rede/2012/09/2012-09-28-rede-festveranstaltung-kohl.html; **Seite 28** »Es lebe Europa!«: Helmut Kohl auf der Feierstunde zum 30.Jahrestag seiner Kanzlerwahl, 27.9.2012, eigene Mitschrift; »Europa … tragen Sie im Herzen«: Angela Merkel auf der Feierstunde zu Wolfgang Schäubles 70.Geburtstag, Berlin, 26.9.2012, http://www.bundeskanzlerin.de/Content/DE/Rede/2012/09/2012-09-26-bkin-schaeuble.html;jsessionid=ACBB109CC7AAA8BF9E4FB5E90F99492E.s3t2; **Seite 31** »solange ich lebe«: Merkel vor der FDP-Fraktion des Deutschen Bundestags, 26.6.2012, nach Angabe von Teilnehmern; **Seite 34** »Wenn wir so … kritisieren«: *Politik ist mein Lebensthema*, Interview mit Norbert Röttgen, SZ, 24.12.2012, S.6; »Das Dringen … viel kosten«: *Es wird noch ziemlich viel kosten*, Interview mit Radosław Sikorski, SZ, 20.10.2012, S.8; **Seite 35** »Ich möchte

an Sie … relativieren«: Ulrich Wilhelm vor der Bundespressekonferenz, 6.10.2008, http://
archiv.bundesregierung.de/Content/DE/Archiv16/Pressekonferenzen/2008/10/2008-10-
06-regpk.html; »Wir haben das sorgfältig … alternativlos«: Merkel vor Journalisten nach
dem Kabinettsbeschluss zur Enteignung von Bank-Aktionären, 19.2.2009, Mitschrift des
Autors; **Seite 36** »Die zu beschließenden … sichern«: Angela Merkel, Regierungserklärung, 5.5.2010; »Deshalb gab es … Alternative«: Angela Merkel, Regierungserklärung,
19.5.2010; »In Versuchung … Zusammenbruch«: Tempted, Angela?, The Economist,
11.8.2012, S.8; **Seite 37** »Warum es alle … Bewegungen«: Peter Gumbel, Why everybody
loves to hate Angela Merkel, Time, 16.7.2012; »Ist das nun … Sprüngen«: La Repubblica,
2.8.2012; Übersetzung dpa/Pressestimmen, Meldung 0292 vom 2.8.2012; **Seite 38** »Je
weniger die Leute … schlafen sie«: wohl ursprünglich von dem amerikanischen Dichter
John Godfrey Saxe (1869), seit den 1930-er Jahren Bismarck zugeschrieben, vgl. Fred R.
Shapiro, Quote … Misquote, New York Times, 21.7.2008; **Seite 39** »Ich könnte es mir …
vorsichtig bleiben«: Angela Merkel, Rede auf dem CDU-Parteitag in Hannover, 4.12.2012;
Seite 41 »Ich setze mich … beschließen«: Angela Merkel, Rede vor dem Europaparlament,
7.11.2012; »Ich bin dafür … nicht gehen«: Angela Merkel vor dem Europaparlament, Antwort auf eine Frage des belgischen Abgeordneten Guy Verhofstadt, 7.11.2012, dokumentiert
auf Video: http://www.europarl.europa.eu/ep-live/de/other-events/video?event=20121107-
1615-SPECIAL-UNKN; **Seite 42** »Die Suche nach Sicherheit«: Eckart Conze, Die Suche nach
Sicherheit. Eine Geschichte der Bundesrepublik Deutschland von 1949 bis in die Gegenwart, München 2009; **Seite 43** »Schorsch … mehr erreicht«: Merkel erwähnte die Episode
u.a. in ihrer Rede zum 90. Jahrestag des Frauenwahlrechts am 26.1.2009 im Kanzleramt,
http://archiv.bundesregierung.de/Content/DE/Rede/2009/01/2009-01-26-merkel-
90-Jahre-Frauenwahlrecht.html; **Seite 44** »Angela … gerettet«: Georg Brunnhuber, Gespräch mit dem Autor, Stuttgart 25.3.2010; **Seite 45** »Vielleicht … interessiert habe« Nadine
Müller (heute Nadine Schön), Gespräch mit dem Autor, Berlin 24.3.2010; »das, wovon …
Stern«: ebd.; **Seite 46** »Das tat … coachen müssen«: ebd.; »Sie können … Zweck«: Norbert
Blüm, Telefonat mit dem Autor, März 2010; »Auf der Heimfahrt … gegangen«: Brunnhuber (wie Seite 44); **Seite 47** „In der Opposition … Kompromiss«: ebd.; »Meine sehr geehrten … begrüßen«: Christian Ahrendt (FDP) in der Plenardebatte am 25.2.2010, Deutscher
Bundestag, Stenograf. Bericht, 17.Wahlperiode, 24. Sitzung, S.2122; **Seite 48** »Jetzt fragen … ungeduldig«: Brunnhuber (wie Seite 44); »Aufgrund … erfolgen«: Robin Alexan-
der/Thomas Vitzthum, Konservative in der Union sagen ihren Aufstand ab, Die Welt,
21.8.2012, S.1; **Seite 49** »Katholiken … Realitätsferne«: *Der röhrende Hirsch ist nicht mehr,*
Interview mit dem Wahlforscher Andreas Jung, Berliner Zeitung, 13.1.2010, S.2; **Seite 51**
»die in anderen Formen … verwirklichen«: 25.Parteitag der CDU Deutschlands, Samm-
lung der Anträge und Empfehlungen der Antragskommission, S.265; »Ich verwirkliche
mich … wie ich bin«: Jens Spahn auf dem CDU-Parteitag in Hannover, 4.12.2012, zit. u.a.
bei Ulrich Schulte, Konservative Lebensentwürfe, taz, 6.12.2012, S.6; **Seite. 55** »Nutzen …
sanft berührte«: Hans Günter Hockerts, Vom Nutzen und Nachteil parlamentarischer Parteienkonkurrenz. Die Rentenreform 1972 – ein Lehrstück, in: Staat und Parteien, Fest-
schrift für Rudolf Morsey, Berlin 1992, S.903–934, Zit. 923; **Seite 58** »Wenn ich über Sie …
sichern«: Joachim Gauck, Rede beim Mittagessen zu Ehren von Wolfgang Schäuble zu
seinem 70. Geburtstag, Berlin, 29.11.2012, http://www.bundespraesident.de/SharedDocs/
Downloads/DE/Reden/2012/11/121125-Schaeuble.pdf;jsessionid=AB14B6AA6928C0B41E6
705CDF83170D2.2_cid293?_blob=publicationFile; **Seite 63** »die Bundeskanzlerin … sein«:
Angela Merkel am Wahlabend im Konrad-Adenauer-Haus, 27.9.2009; **Seite 64** »Die Grünen … Stuttgart 21«: Angela Merkel in der Haushaltsdebatte, 15.9.2009, Deutscher Bundestag, Stenograf. Bericht, 17.Wahlperiode, 58. Sitzung, S.6045; »Wir tun den Menschen …
zu machen«: ebd., S.6043; **Seite 66** »Sie werden … sein«: im Gespräch mit Journalisten;
»als Nachfolger … nur mit Wasser«: *Die Lockerheit ist für mich nicht ganz einfach,* Interview
mit Günther Oettinger, Der Spiegel, 28.7.2008, S.28; **Seite 67** »gut überlegen … machen
will«: *Wir wollen die Kernkraft ablösen,* Interview mit Norbert Röttgen, SZ, 6.2.2010, S.23;

Seite 68 »irreparabel beschädigt«: Röttgen auf einem CDU-Fest in Meckenheim, zit. bei Jens König/Andreas Hoidn-Borchers, Aufreizend intelligent, gebildet liebenswürdig, wortgewandt ..., Stern, 2. 9. 2010, S. 48 – 54; »Öko-Energie«: Ronald Pofalla auf der Pressekonferenz nach den CDU-Gremiensitzungen, 23. 6. 2008; »Es gab einen sportlichen ... Haus ist«: im Gespräch mit dem Autor; **Seite 69** »Kernkraft ... Öko-Energie«: Pressekonferenz, 23. 6. 2008 (wie Seite 68); **Seite 71** »Ich kenn' sie ... Jahre«: Jürgen Großmann vor Journalisten im Kernkraftwerk Emsland, 26. 8. 2010; »Bei mir ... Gegenbewegung«: Merkel in einem Video-Interview mit der Verlagsgruppe Madsack, 24. 8. 2010; **Seite 72** »In jeder Küche ... gefährlich werden«: zit. nach Evelyn Roll, Die Kanzlerin. Angela Merkels Weg zur Macht, erw. Neuausg. Berlin 2009, S. 189; **Seite 73** »Das ist die Hoffnung ... einsetzt«: Grundsatzprogramm der Sozialdemokratischen Partei Deutschlands, beschlossen vom Außerordentlichen Parteitag in Bad Godesberg, November 1959, Einleitung; **Seite 77** »Das war's«: Das war's, Spiegel, 4. 4. 2011, S. 62; **Seite 78** »Die dramatischen ... übertreffen«: Angela Merkel, Regierungserklärung zur Energiepolitik, 9. 6. 2011; **Seite 82** »Ich glaube ... verwandeln«: Wer sind unsere Feinde?, Interview mit Angela Merkel und Jana Hensel, Die Zeit, 22. 1. 2009, S. 8; **Seite 83** »Es wird ... neu ist«: Fühlen Sie sich manchmal klein, Frau Merkel?, Interview, Cicero, 1. 1. 2009, S. 74; »Mit einem ... kriechen«: Auf ein Wort, Frau Merkel, SZ-Magazin, 10. 8. 2012, S. 8 ff.; **Seite 84** »Machen die Männer ... kaputt«: Bild, 6. 11. 2001; **Seite 85** »Das stolze Gebäude ... abgebrannt«: Johann Nestroy, Der Talisman, 3. Akt, 1. Szene (S. 61 in der Reclam-Ausgabe, Stuttgart 1993); »von Situation ... kommen«: Hermann Beil, 's ist reine Komödienspielerei. Ist es reine Komödienspielerei?, in: Johann Nestroy, Der Talisman, Programmheft Nr. 119, Burgtheater Wien 1993; »Ja, ich bin ... Möglichkeit«: Nestroy, Talisman, 2. Akt, 27. Szene (RUB, S. 60); 3. Akt, 18. Szene (RUB, S. 79); **Seite 86** »Merkel bleibt ... Nebenwirkungen«: zit. u. a. bei Roswin Finkenzeller, Stoiber: Regierung täuscht die Wähler, F.A.Z., 18. 11. 2000, S. 2; **Seite 87** »Frau Merkel ... Interessenstrukturen«: Entscheidungen allein treffen, Interview mit Angela Merkel, Der Spiegel, 29. 12. 2001, S. 57; »langen Weg nach Westen«: Heinrich August Winkler, Der lange Weg nach Westen, 2 Bde., München 2000; **Seite 89** »Zapateros Modepüppchen«: Leo Wieland, Zapateros Modepüppchen, faz.net, 21. 9. 2010, http://www.faz.net/aktuell/gesellschaft/mode/spanische-sozialisten-im-moderausch-zapateros-modepueppchen-11036374.html; **Seite 90** »Leichtmatrosen«: Stoiber im Gespräch mit CSU-Sozialpolitikern, Ende Juli 2004, nach einem Bericht des Münchner Merkur, zit. u. a. in der F.A.Z., 5. 8. 2004, S. 1; **Seite 91** »Frau Merkel ... ähnlich sind«: Brigitte Zypries auf der Veranstaltung im Kanzleramt zu 90 Jahre Frauenwahlrecht, zitiert am 27. 1. 2009 u. a. in der taz (S. 3) und der SZ (S. 6); »Frauenbonus«: Geld löst bei mir keine erotischen Gefühle aus, Interview mit Peer Steinbrück, F.A.S., 30. 12. 2012, S. 9; »Dass Frau Merkel ... Warum!?«: Muss das sein?, Interview mit Peer Steinbrück, taz, 17. 11. 2012, S. 19; **Seite 92** »Wer hätte gedacht ... möglich«: Angela Merkel, Regierungserklärung, 30. 11. 2005; **Seite 93** »Gehe ins Offene ... sagen konnte«: Angela Merkel beim Festakt zum Tag der deutschen Einheit, Kiel, 3. 10. 2006, http://archiv. bundesregierung.de/Content/DE/Archiv16/Rede/2006/10/2006-10-03-rede-bkin-tag-einheit.html; »Das war ... gegangen sind«: ebd.; **Seite 94** »Liest man ... Befindlichkeiten«: Toralf Staud, Ossis sind Türken, Die Zeit, 2. 10. 2003; **Seite 96** »in diesem Staat ... Staatsverschuldung«: Rede Kiel (wie Seite 93); **Seite 98** »typisch Ossi-liberale Position«: Zit. nach Roll, Kanzlerin (wie Seite 72), S. 163; **Seite 99** »Ich musste ... gesehen«: Die Kunst war, morgens noch in den Spiegel schauen zu können, Interview mit Joachim Sauer, Humboldt Kosmos, 2010, http://www.humboldt-foundation.de/web/kosmos-titelthema-96-3. html; »dass auch die Menschen ... verlangt«: Angela Merkel, Mein Weg, Ein Gespräch mit Hugo Müller-Vogg, Tb. Hamburg 2005, S. 62; **Seite 100** »Ja, es ist ... noch«: zit. nach Roll, Kanzlerin (wie Seite 72), S. 56; **Seite 101** »Schroeder Doesn't ... Germans«: Angela Merkel, Schroeder Doesn't Speak for All Germans, Washington Post, 20. 2. 2003, S. A39; »mit uns nicht zu machen«: Schröder auf einer Wahlkundgebung auf dem Opernplatz in Hannover vor der Bundestagswahl, 5. 8. 2002; **Seite 102** »Ich sag' das ... damit«: Schröder auf einer Wahlkundgebung in Goslar vor der Landtagswahl in Niedersachsen, 21. 1. 2003; »Wenn wir das Ultimatum ... ergeben«: Merkel nach einer Sondersitzung der CDU/CSU-Bundestags-fraktion, 18.3.2003; »Sollte es ... stehlen können«: In letzter Konsequenz militärische Mittel, Interview mit Angela Merkel, F.A.S., 22.12.2002, S.6; **Seite 104** »Nach dem 11.September ... klar wurde«: Merkel, Mein Weg (wie Seite 99), S.254; **Seite 105** »Mit einer Kanzlerin ... in Bagdad«: Merkel am 22.12.2002, lt. dpa; **Seite 106** »Deutschland bleibt ... geliehenen Demokratie«: Joschka Fischer, Risiko Deutschland. Krise und Zukunft der deutschen Politik, Tb. Köln 1995, S.222; **Seite 107** »Ich habe ihm ... zugesichert«: Gerhard Schröder, Regierungserklärung, 12.9.2001, Deutscher Bundestag, Stenograf. Bericht, 14. Wahlperiode, 186. Sitzung, S.18293; »alle notwendigen Maßnahmen«: Resolution 1973 (2011), adopted by the Security Council at its 6498th meeting, on 17 March 2011, http://www.un.org/ga/search/view_doc.asp?symbol=S/RES/1973(2011); **Seite 111** »Wir wollen ... abgezogen werden«: Guido Westerwelle auf der Pressekonferenz zum Koalitionsvertrag, 24.10.2009; »Wichtig ist ... Handeln«: ebd.; »anstrengungslosen ... Dekadenz«: Guido Westerwelle, Vergesst die Mitte nicht, Die Welt, 11.2.2010, S.6; **Seite 112** »Ist ja schon bemerkenswert ... beziehen«: Dirk Niebel in der Talkshow Maybritt Illner, Sendung vom 24.3.2011; **Seite 113** »die deutsche ... Nationalismus wahr«: Thomas E. Schmidt, Die Physikerin. Über Langeweile in der deutschen Politik, Merkur 66 (2012), S.571ff.; **Seite 114** »In Nordafrika ... Freiheit«: Angela Merkel bei der Begrüßungszeremonie am Weißen Haus, 7.6.2011, http://www.bundesregierung.de/Content/DE/Rede/2011/06/2011-06-07-usa.html; **Seite 115** »Er hat eine Stimmung ... Krankenversicherung«: Enorme Ermunterung, Interview mit Norbert Röttgen, Der Spiegel, 26.5.2008, S.30; **Seite 118** »abgeschwiffen«: zit. nach Roll, Kanzlerin (wie Seite 72), S.55; **Seite 120** »Man sollte auf Aktivitäten ... erfolgreiche Politik«: Schröder auf einer Veranstaltung im Chinesischen Kulturinstitut, Berlin, 18.12.2008, Mitschrift des Autors; **Seite 121** »Eine monopolare Welt ... Hegemon selbst«: Putin auf der Sicherheitskonferenz in München, zit. bei Jochen Bittner, Kein Grund zur Beruhigung, Zeit Online, 12.2.2007, http://www.zeit.de/online/2007/07/Putin-Sicherheitskonferenz; »Georgien wird ... Nato sein«: Angela Merkel, Pressekonferenz in Tiflis, 17.8.2008, Fernsehübertragung, Mitschrift des Autors; **Seite 122** »Hilfe und ... Ermahnungen«: Die Kanzlerin hätte Schröder einspannen sollen, Interview mit Horst Teltschik, taz, 20.8.2008; »Putinsch«: Arno Widmann, Schröder kann nur Putinsch, Berliner Zeitung, 2.12.2004; **Seite 126** »großartige Rede«: zit. nach Roll, Kanzlerin (wie Seite 72), S.86; **Seite 128** »Gibt es ... bezeichnen«: Martin Hohmann, Rede zum Tag der Deutschen Einheit, Neuhof, 3.10.2003, ursprünglich auf der Homepage der CDU Neuhof, jetzt abrufbar unter http://www.heise.de/tp/artikel/15/15981/1.html; »abstruse Gleichsetzung ... Antisemitismus«: Ulrich Herbert in der Fernsehsendung Frontal21, 11.11.2003; »gefährlich«: Gerhard Schröder in Dresden, 6.11.2003, lt. AFP; »klassischen antisemitischen Rede«: Shimon Stein am 6.11.2003, lt. ddp; **Seite 130** »in der Stunde ... Worte sein«: Angela Merkel, Rede vor der Knesset in Jerusalem,18.3.2008,http://www.bundesregierung.de/Content/DE/Bulletin/2008/03/26-1-bk-knesset.html; »Hans Filbinger ... verloren hätte«: Günther Oettinger, Trauerrede für Hans Filbinger, Freiburg, 11.4.2007, dokumentiert bei Spiegel Online: http://www.spiegel.de/politik/deutschland/dokumentation-hans-filbinger-war-kein-nationalsozialist-a-476898.html; »Schädlinge am Volksganzen«: Filbinger-Text aus dem Jahr 1935, Der Spiegel, 22.5.1978, S.33; »dass ich mir ... Betroffenen«: Mitteilung der CDU-Bundesgeschäftsstelle, 13.4.2007; **Seite 131** »Soweit ... bedaure«: Günther Oettinger, Offener Brief, 14.4.2007; »Ich distanziere mich davon«: Günther Oettinger vor der Sitzung des CDU-Präsidiums vor Journalisten, 16.4.2007; »Angela hat uns ... Fürsorge«: Brunnhuber (wie Seite 44); »Wir stehen ... und Aber«: Georg Brunnhuber am 13.4.2007, lt. Agenturen; **Seite 132** »Es geht darum ... ausreichend erfolgt«: Angela Merkel, Pressekonferenz mit dem kasachischen Präsidenten Nursultan Nasarbajew, 3.2.2009; **Seite 133** »So kann man ... umgehen«: Brunnhuber (wie Seite 44); »ein wichtiges ... Signal«: Angela Merkel, Pressekonferenz mit fünf internationalen Organisationen, 5.2.2009; **Seite 134** »Es war ein gutes ... Menschheit«: Gemeinsame Presserklärung von Regie-rungssprecher Ulrich Wilhelm und Papstsprecher Federico Lombardi, 8.2.2009; »Der Papst ... unterhöhlt«: Angela

Merkel, Rede in der katholischen Akademie in Bayern, München, 21.7.2009, http://www.
bundesregierung.de/Content/DE/Bulletin/2009/07/85-2-bkin-kath-akademie.html; »Zur
Freiheit ... befreit«: ebd.; **Seite 135** »dass es vor ... Privates«: Merkel, Mein Weg (wie
Seite 99), S.29; **Seite 136** »Es ist traurig ... nicht neutral«: Angela Merkel, Rede bei der
Verleihung des Heinz-Galinski-Preises, Berlin, 28.11.2012, http://www.bundeskanzlerin.
de/Content/DE/Rede/2012/11/2012-11-28-heinz-galinski-preis.html; »Diese historische ...
Worte bleiben«: Rede vor der Knesset (wie Seite 130); **Seite 137** »Wir stehen ... schaffen«:
Joachim Gauck, Rede beim Staatsbankett, gegeben vom Präsidenten des Staates Israel,
Jerusalem, 29.5.2012, http://www.bundespraesident.de/SharedDocs/Reden/DE/Joachim-
Gauck/Reden/2012/05/120529-Israel-Staatsbankett.html; »Zur Lebenswirklichkeit ... le-
ben kann«: Rede Galinski-Preis (wie Seite 136); **Seite 140** »Dreh- und Angelpunkt ...
steuern«: Angela Merkel, *CDU-West natürlicher Verbündeter beim Umbau der Gesellschaft*,
Berliner Zeitung, 10.2.1990; **Seite 141** »Lust auf Konsum«: Susanne Leinemann, Aufge-
wacht. Mauer weg, Stuttgart 2002, S.128; »Zonen-Gaby ... Banane«: Titanic, November
1989, Titelbild; **Seite 142** »Die Liebe ... groß gewesen«: Merkel, Mein Weg (wie Seite 99),
S.74; »Insofern ... marktkonform ist«: Angela Merkel, gemeinsames Pressestatement mit
dem portugiesischen Ministerpräsidenten Pedro Passos Coelho, Berlin, 1.9.2011, http://
www.bundesregierung.de/Content/DE/Mitschrift/Pressekonferenzen/2011/09/2011-09-
01-merkel-coelho.html; **Seite 144** »Europa hat ... Sozialausgaben«: u. a. in der Rede auf dem
Weltwirtschaftsforum in Davos, 24.1.2013, http://www.bundesregierung.de/Content/DE/
Rede/2013/01/2013-01-24-merkel-davos.html; **Seite 147** »argen Sünden ... Kapital«: Theodor Mommsen, Römische Geschichte, Ndr. München 1976, Band 5, S.198; »Nordamerikas
Drachensaat«: ebd.; **Seite 148** »Erfindung Amerikas in der Kulturkritik«: Georg Kamphau-
sen, Die Erfindung Amerikas in der Kulturkritik der Generation von 1890, Göttingen 2002;
»Was zählt, ist ... Bedenken«: zit. nach Gerd Langguth, Angela Merkel. Biografie, Neuausg.
München 2010, S.70; **Seite 150** »Der indizierte ... Persönlichkeit«: Georg Simmel, Philoso-
phie des Geldes, Frankfurt a.M. 1989 (Gesamtausg., Bd. 6), S. 290 f.; »Intellektualismus ...
Geld«: ebd., S. 289; **Seite 151** »Ihre Politik ... gedeihen kann«: Steven Ozment, German
Austerity's Lutheran Core, New York Times, 11.8.2012; **Seite 153** »Man hat ... zu sein«:
Daniel Bell, Die kulturellen Widersprüche des Kapitalismus, Frankfurt a.M. 1991, S.90;
»War aber dieser ... sinnvoll sind«: *Links sein, aber nicht wie die*, Interview mit Hans Neu-
enfels, Thomas Ostermeier, Nicolas Stemann und Frank-Patrick Steckel, Theater heute,
Jahrbuch 2008, S.12; **Seite 155** »Wir können nicht ... unterentwickelt«: Merkel, Mein Weg
(wie Seite 99), S.36; **Seite 157** »Woanders ... vorzeichnen«: Angela Merkel, Rede bei der
IHK Berlin, 11.2.2009, http://archiv.bundesregierung.de/Content/DE/Rede/2009/02/
2009-02-11-merkel-ihk.html; »Nach der Krise ... Pumpkapitalismus«: Ralf Dahrendorf,
Nach der Krise: Zurück zur protestantischen Ethik?, Merkur 63 (2009), S.373–381;
Seite 158 »Wiederbelebung ... Grenzen«: ebd.; »dass Wirtschaftskrisen ... erkaufen zu wollen«: Angela Merkel, Rede auf dem 48.Historikertag, Berlin, 28.9.2010, http://www.
bundesregierung.de/Content/DE/Rede/2010/09/2010-09-28-merkel-historikertag.html;
Seite 162 »Mein Verständnis ... sein möchte«: Angela Merkel am Abend der Bundestagswahl im Konrad-Adenauer-Haus, 27.9.2009, Mitschrift des Autors; **Seite 163** »Sie werden
mich ... wie ich bin«: Angela Merkel am Tag nach der Bundestagswahl im Konrad-Adenauer-Haus, 28.9.2009, Mitschrift des Autors; **Seite 164** »Ich werde darauf ... Koalitionsvertrag«: ebd.; »Solange wir im Tal ... gestellt«: ebd.; »Das wissen Sie ... nicht heißt«: ebd.;
Seite 165 »Ich bin ... geworden«: Angela Merkel auf der Pressekonferenz zum Koalitionsvertrag, 24.10.2009; **Seite 166** »engagierte Verhandlungen«: Guido Westerwelle, ebd.;
»den Einkommensteuertarif ... Legislaturperiode«: Wachstum. Bildung. Zusammenhalt.
Koalitionsvertrag zwischen CDU, CSU und FDP, 26.10.2009, S.11; »Wir fahren ... sicher«:
Wir fahren auf Sicht, dazu muss man sich offen bekennen, Interview mit Wolfgang Schäuble,
Welt am Sonntag, 25.10.2009, S.2; **Seite 167** »In der Gesundheit ... gar nichts«: Horst
Seehofer, Pressekonferenz zum Koalitionsvertrag, 24.10.2009; **Seite 169** »Jetzt nimmt
sie ... Parteikanzlerin an«: Gespräch mit dem Autor; »Das war die ... Koalition«: ebd.; „Eine

Rückkehr ... nicht«: ebd.; **Seite 170** »Die wahre Merkel ... Situationen«: ebd.; »der einzige ... wird«: Verstehen Sie das, Herr Schmidt? Fragen an den Altkanzler, Zeit-Magazin, 19.12.2012, S.50; **Seite 171** »Wir wollen ... wagen«: Verhandlungen des Deutschen Bundestags, Stenographische Berichte, Band 74, Bonn 1970, S.20; **Seite 172** »Die Zukunft ist weit offen«: Angela Merkel, Neujahrsansprache zum Jahreswechsel 2010/2011, http://www.bundeskanzlerin.de/Content/DE/Pressemitteilungen/BPA/2010/12/2010-12-30-neujahrsansprache-bkin.html; »Wahr ist ... bewährt«: zit. nach Hans Joachim Störig, Kleine Weltgeschichte der Philosophie, 13. Aufl. Frankfurt a.M. 1987, S.567; »am besten ... lösen kann«: Richard Rorty, Wahrheit und Fortschritt, Frankfurt a. M. 2000; **Seite 173** »Wer nur nach ... was kommt«: zitiert nach Deutsches Theater Berlin, Spielzeit 2012/2013, Programmheft Nr.58, S.65, 23, 73; **Seite 174** »Der Umgang ... mindern würde«: Patrick Bahners, Im Mantel der Geschichte, Helmut Kohl oder Die Unersetzlichkeit, Berlin 1998, S.13; **Seite 175** »zu konservativ«: zit. ebd., S.65; **Seite 177** »Ich denke ... beschreibe«: *Es wird wieder marodierende Banden geben*, Interview mit Uwe Tellkamp, Die Zeit, 20.9.2012, Ausgabe Ost; »Typisch ossimäßig ... Improvisationskunst«: ebd.; **Seite 178** »Nur auf die Position ... Bescheidenheit aus«: Bahners, Mantel (wie Seite 174), S.19; **Seite 179** »Drückte er ... Festlegungen«: ebd., S.39; »Was die Partei ... ebenfalls wollen«: ebd., S. 41; »Kein Gegner ... verneinen konnte«: ebd., S.50; »Es ist eine Sache ... tun«: zit. ebd., S.111; **Seite 180** »vor nahezu ... glücklos«: ebd., S.105, dort auch die folgende Auflistung; **Seite 182** »Momente der Harmonie«: Bernd Ulrich, Wie lange noch?, Die Zeit, 10.5.2012; »Die Physikerin ... Kleidungscodes«: *Alles ist ökonomisiert*, Interview mit Frank Schirrmacher, Spiegel, 9.2.2013, S.118–120; »neuen Typus ... denken«: im Gespräch mit dem Autor; **Seite 186** »Führungsperson ... Welt«: Sebastián Piñera, Pressekonferenz mit Angela Merkel, Santiago de Chile, 26.1.2013, http://www.bundesregierung.de/Content/DE/Mitschrift/Pressekonferenzen/2013/01/2013-01-26-pk-merkel-pinera.html; **Seite 187** »In Wahrheit ... in Europa«: Nils Minkmar, Die Schönheit der Chance, F.A:S, 6.11.2011, S.25; **Seite 188** »Wir werden immer älter«: Horst Köhler, Fernsehansprache zur Auflösung des 15. Deutschen Bundestages, Berlin, 21.7.2005, http://www.bundespraesident.de/SharedDocs/Reden/DE/Horst-Koehler/Reden/2005/07/20050721_Rede.html; **Seite 190** »Sie hat ... auf sich«: Picaper, Angela Merkel (wie Seite 23), S.12; **Seite 191** »Deutsche Macht ... Untätigkeit«: Sikorski-Interview (wie Seite 34); »Hegemon wider Willen«: Christoph Schönberger, Hegemon wider Willen, Merkur 66 (2012), S.1–8; »politisch unerzogenen Volk«: Interview mit Herfried Münkler, Neon, Juni 2011; **Seite 192** »bewusste Selbstbändigung«: Schönberger (wie Seite 191), S.4; **Seite 197** »Wenn ich ... hammer«: Angela Merkel auf der Falling Walls Conference, Radialsystem V, Berlin, 9.11.2011, https://www.youtube.com/watch?v=51 M1A9qj8qE (nicht im offiziellen Redetext); »Gleich 1990 ... Ozean vergessen«: Angela Merkel, Rede vor dem Kongress der Vereinigten Staaten von Amerika, Washington, 3.11.2009, http://www.bundeskanzlerin.de/Content/DE/Rede/ 2009/11/2009-11-03-rede-merkel-usa.html; **Seite 199** »Ich glaube ... Sprache spricht«: Angela Merkel gemeinsam mit François Hollande vor Studenten im Kanzleramt, 21.1.2013, Mitschrift des Autors; **Seite 200** »Dass wir ... Innenpolitik ist«: Angela Merkel in der Diskussion mit dem Europaparlament, 7.11.2012, dokumentiert auf Video: http://www.europarl.europa.eu/ep-live/de/other-events/video?event=20121107-1615-SPECIAL-UNKN; **Seite 202** »Kotz«: Angela Merkel, Rede auf dem CDU-Parteitag, 1.12.2012, https://www.youtube.com/watch?v=wcI Coz14euA (Versprecher nicht in der offiziellen Mitschrift enthalten); **Seite 203** »wie wenig ... Europa wirkt«: *Von Verrückten umgeben*, Spiegel, 4.12.1989, S.82–86; **Seite 213** »Margaret Thatcher ... Beispiel gegeben«: Angela Merkel, Erklärung zum Tod von Margaret Thatcher, 8.4.2013, http://www.bundesregierung.de/Content/DE/Pressemitteilungen/BPA/2013/04/2013-04-08-merkel-thatcher.html.